Spencer Johnson
Larry Wilson

Das
①1 Minuten-
Verkaufs-
talent

Rowohlt

Die Originalausgabe erschien 1984 unter dem Titel
«The One Minute Sales Person»
im Verlag William Morrow and Company, Inc., New York
Aus dem Amerikanischen übersetzt von Dr. Roland Henssler
von der Wilson Learning GmbH, Stuttgart, und Erik Paulsen
Schutzumschlag- und Einbandgestaltung Werner Rebhuhn

1.–15. Tausend August 1985
16.–25. Tausend Dezember 1985
26.–32. Tausend März 1986
33.–40. Tausend November 1986
41.–48. Tausend April 1987
49.–56. Tausend März 1988
Copyright © 1985 by Rowohlt Verlag GmbH,
Reinbek bei Hamburg
«The One Minute Sales Person»
Copyright © 1984 by Candle Communications Corporation
Alle deutschen Rechte vorbehalten
Satz Trump-Mediaeval (Linotron 202)
Gesamtherstellung Clausen & Bosse, Leck
Printed in Germany
ISBN 3 498 03319 0

⬤ Das Symbol

Das Symbol des Ein-Minuten-Verkaufstalents –
die Ein-Minuten-Anzeige einer modernen
Digitaluhr – soll uns daran erinnern,
daß wir uns eine Minute Zeit nehmen,
um jeden Kunden als MENSCHEN zu
betrachten.
Und um uns vor Augen zu führen,
daß es für uns nichts Wertvolleres gibt
als unsere Kunden.

Dem Andenken
an Tom Utne
gewidmet, der so viel
für die Menschen
getan hat.

Inhalt

Teil V

Der Nutzen

Anhang

Einleitung

«Das Minuten-Verkaufstalent» führt Sie in eine «neue Schule» von Verkäuferverhalten und Verkaufsmethoden ein, die Ihnen in der heutigen Situation mehr Erfolg bringen wird.

Sie gründet sich auf präzise ausgewertete Erfahrung, auf Menschenkenntnis und auf den Rat einiger der erfolgreichsten Verkäufer überhaupt – wie auch auf den der Marketing- und Verkaufschefs von über hundert Großunternehmen aus praktisch jeder Branche.

Dieses Buch enthält auch die Summe der Erfahrungen der «Wilson Learning Corporation» in Minneapolis, einer Firma, die in den letzten zwanzig Jahren über 300 000 Verkäufer geschult hat und seit zehn Jahren wissenschaftliche Erkenntnisse darüber sammelt, wie Kunden gern kaufen. Dieses ständige «Sich-Einfühlen-in-den-Kunden» ist auch der Kern dieses Buches.

«Das Minuten-Verkaufstalent» schließt sich an den internationalen Bestseller «Der Minuten-Manager» an, dessen Lektüre wir Ihnen sehr empfehlen. Denn es eignet sich vorzüglich zur Vertiefung der zweiten Hälfte dieses Buches «Das Verkaufen mir selbst gegenüber»: einer Methode der Selbst-Führung für Verkäufer.

Wir hoffen, daß Sie das, was Sie aus dem vorliegenden Buch lernen – zusätzlich zu dem, was Sie über das Verkaufen schon wissen –, auch tatsächlich anwenden und daß auch Ihnen recht bald mit weniger Stress mehr Abschlüsse gelingen.

Spencer Johnson
Larry Wilson

01 Das Ein-Minuten-Verkaufstalent

ES WAR EINMAL ein sehr erfolgreicher Verkäufer.

Er fühlte sich mehr als erfolgreich, er fühlte sich glücklich.

Er genoß seine Ausgeglichenheit, seine finanzielle Unabhängigkeit, seine Sicherheit, seine Gesundheit und sein abwechslungsreiches Privatleben. Jeder, der ihn kannte, respektierte und bewunderte ihn.

Viele wollten mit ihm ins Geschäft kommen, und noch mehr Leute waren an seiner Freundschaft interessiert.

Er war allerdings nicht immer so erfolgreich gewesen.

Er konnte sich noch gut an die vielen Jahre erinnern, in denen er trotz größeren Einsatzes nicht besser war als die meisten anderen.

Jetzt aber war er froh, daß er wußte, was er wußte, und – was noch wichtiger war – daß er sein Wissen in die Praxis umsetzen konnte.

Er mußte lächeln, als er daran dachte, wie leicht er es dann schließlich doch gelernt hatte, erfolgreich zu sein.

Schon in jungen Jahren war ihm klargeworden, daß eigentlich jeder, der Erfolg hat, im Grunde ein erfolgreicher Verkäufer ist – ob es ihm nun bewußt ist oder nicht.

«Erfolgreiche Geschäftsleute», hatte er herausgefunden, «verkaufen anderen den Wert ihrer Dienste. Gute Eltern ‹verkaufen› sozusagen ihren Kindern, wie sie ein glückliches und schöpferisches Leben führen können. Erfolgreiche Führungspersönlichkeiten ‹verkaufen› ihre Fähigkeit, den Menschen das geben zu können, was sie wollen. Sogar die erfolgreichen Wissenschaftler ‹verkaufen› ihre Ideen denen, die ihnen die Mittel für ihre Arbeit zur Verfügung stellen.»

Der Mann erinnerte sich an einen Gedanken, den er schon als Schüler gehabt hatte: «Wenn ich lerne, wie man gut verkauft, dann wird mir alles gelingen, was ich auch anfange.»

Daher hatte der Mann schon in ganz jungen Jahren immer nur als Verkäufer gejobbt.

Die wenigen Male, in denen er Erfolg hatte, kamen ihm lächerlich vor. Er dachte: «Es ist, als ob die mich kaufen!» Wenn aber seine Verkaufsversuche danebengingen, fühlte er sich persönlich abgelehnt. Dann sagte er sich: «Ich bin einfach nicht dafür geschaffen zu verkaufen.»

Nachdem er seine Ausbildung auf dem Spezialgebiet Marketing abgeschlossen hatte, stellte er fest, daß er über das Verkaufen nur sehr wenig gelernt hatte.

Marketing, hatte er gelernt, bestehe darin, daß man erforscht, was die Leute wollen, daß man dann die Produkte und Dienstleistungen schafft, die die Leute wollen, daß man diese zu einem konkurrenzfähigen Preis anbietet und daß man es den Leuten leichtmacht, sie zu kaufen.

Aber Marketing und Verkauf schienen manchmal unvereinbar zu sein.

Bei seiner ersten richtigen Verkäufertätigkeit für ein Großunternehmen hörte er von der Wichtigkeit der Produktkenntnis und wie man mit ihr die Interessenten «einwickelt» – um Termine zu bekommen, Einwänden zu begegnen und Abschlüsse zu machen.

Aber je mehr er mit Verkaufen zu tun hatte, desto mehr bekam er den Eindruck, daß man unterschwellig von der Voraussetzung ausging, der Kunde wolle das Produkt gar nicht kaufen.

Man tat so, als ob es die Aufgabe des Verkäufers sei, gerissen und hartnäckig genug zu sein, um die Leute zu etwas zu bringen, was sie eigentlich gar nicht tun wollen – nämlich zu kaufen. Und die besten Verkäufer schienen die zu sein, die genau das raushatten.

Er wurde einfach nicht schlau daraus.

Eine Zeitlang reizte ihn die Herausforderung. Je schwieriger es wurde, desto mehr Selbstdisziplin und Durchhaltevermögen forderte er sich ab. Zum Beispiel zwang er sich, pro Tag einen Besuch mehr zu machen, als er eigentlich vorhatte. Das summierte sich: so schaffte er jährlich über zweihundert Verkaufsbesuche zusätzlich! Und das zahlte sich aus: er schaffte mehr Abschlüsse als die meisten – und er verdiente mehr.

Da beschloß er also, noch einmal hundert Besuche mehr im Jahr zu machen. Aber seltsam: seine Abschlüsse wurden kaum mehr. Und Spaß machte es ihm auch nicht mehr: er mußte sich regelrecht dazu zwingen. Und da begann er, den Stress zu spüren.

Das hatte viele Ursachen: Monat für Monat mußte er soundso viele Abschlüsse zustande bringen – sein Umsatzsoll. Es war ja so einfach, seine Leistung zu kontrollieren. Manchmal wünschte er sich, er hätte einen Job wie die anderen, wo es nicht so leicht zu beziffern war, wie gut oder schlecht jemand arbeitet.

Oft wurde er von den Leuten, die er besuchte, schlecht behandelt. Viele benahmen sich so, als ob er es auf sie persönlich abgesehen hätte.

Er hatte das Gefühl, er müsse zuviel Arbeit in zuwenig Zeit erledigen. Manchmal fühlte er sich schlecht vorbereitet.

Er machte sich Hoffnungen auf ein ständig steigendes Einkommen, aber zwischendurch überfielen ihn auch wieder Zweifel, ob er das schaffen würde. Was ihn am meisten ärgerte, war die Erkenntnis, wenn nicht sein Verkaufsleiter ihn so unter Druck setzen würde, dann täte er es selbst.

Das Verkaufen sollte ihm schon ganz bald wesentlich angenehmer werden, aber das wußte der Mann damals noch nicht.

Wie andere Verkäufer auch spürte der Mann insgeheim oft
die schleichende Angst vor dem Zurückgewiesenwerden. Es
war unvermeidlich, daß manche Leute ihn abweisen würden –
und darauf war er nicht gerade scharf.

Es kam noch schlimmer: wenn er auch noch so sehr ver-
suchte, die Augen davor zu verschließen, sah er doch, wie es
heutzutage immer schwieriger wurde zu verkaufen. Er hatte
doch dieselben Sprüche aufgesagt, die ihm seit Jahren seine
Abschlüsse gebracht hatten. Warum kamen sie jetzt nicht
mehr an?

Da fiel ihm eine ungewöhnliche Geschichte ein.

Von Zeit zu Zeit hatte er den Namen eines legendären Verkäufers gehört, der mehr Abschlüsse schaffte als jeder andere
und trotzdem mehr Freizeit hatte als die meisten Menschen,
um seinen sagenhaften Erfolg zu genießen.

Jemand sagte, er heiße «Der Ein-Minuten-Verkäufer» – obwohl er nicht wußte, weshalb.

Der Mann dachte, es müsse doch einen besseren Weg geben –
einen Weg, das Verkaufen wieder mit viel Spaß und viel Erfolg
zu betreiben, so wie es früher einmal bei ihm gewesen war.

Also nahm er seinen ganzen Mut zusammen, um diesen Weg
für sich ausfindig zu machen. Er beschloß zu fragen.

DIE STIMME, die er am Telefon hörte, brachte ihm zunächst eine große Überraschung: der wohlhabende und renommierte Verkäufer, den er erwartet hatte, entpuppte sich als der Vorstandsvorsitzende eines Großunternehmens.

«Es würde mich sehr freuen, Sie kennenzulernen», sagte der Vorstandsvorsitzende. «Und am Klang Ihrer Stimme glaube ich schon zu hören, worüber Sie sich mit mir unterhalten wollen.»

Der Anrufer fühlte sich ein wenig bloßgestellt: «Klingen meine Worte denn so verzweifelt?»

«Nein», antwortete der Vorstandsvorsitzende. «Sie hören sich an wie jemand, der die herkömmlichen Verkaufsmethoden bereits bis zum äußersten ausgeschöpft hat.»

«Ich bin nicht der erste, der sich an Sie wendet, nicht wahr?»

«Richtig. Und – wie auch schon bei anderen vor Ihnen – klingen Ihre Worte offen und lernwillig. Deshalb bin ich auch gern bereit, mich mit Ihnen zu unterhalten. Kommen Sie morgen vorbei, wenn Sie Zeit haben.» Mit diesen Worten legte er auf.

Unser Mann begann, sich auf das morgige Gespräch zu freuen.

Nachdem unser Mann die eleganten Büroräume betreten hatte, drückte er zunächst sein Erstaunen darüber aus, jemanden mit langjähriger Verkäuferkarriere in einer so hohen Position anzutreffen.

Sein Gastgeber sagte dazu, daß die meisten Vorstandsvorsitzenden der größten Unternehmen aus den Marketing- und den Verkaufsabteilungen kommen. Er selbst hatte viele Jahre lang Produkte und Dienstleistungen verkauft. Und jetzt saß er im Aufsichtsrat vieler Firmen, weil er eben wußte, wie man die Leute für wesentliche Gedanken begeistern kann.

Als er sich so in dem eleganten Arbeitszimmer umsah, fiel dem Besucher auf einem der Beistelltische ein kleines Schild auf, darauf stand geschrieben: *Produktion minus Verkauf ist gleich Schrott.*

Der Vorsitzende bemerkte: «Auch die hervorragendsten Ideen können auf dem Müll landen, nur weil sie nicht richtig verkauft werden.

Ein Beispiel: ich arbeite neuerdings in einem politischen Gremium mit. Wir haben zwei wesentliche Ziele im Auge: nämlich sowohl die Stärke und wirtschaftliche Kraft unseres Landes zu erhalten als auch Krieg zu vermeiden. Nun mag es noch so gute Vorschläge geben, dieses Problem zu lösen, aber was würden sie nützen, wenn immer die eine Seite sich weigern würde, die Lösungsvorschläge der jeweils anderen Seite abzukaufen?»

«Nicht viel. Wie ich sehe, sind Sie immer noch ein Verkäufer.»

«Ich glaube, das ist jeder erfolgreiche Mensch – im besten Sinne des Wortes», antwortete der Vorstandsvorsitzende.

Unser Mann begann nun, sein eigenes Problem darzulegen. «Ich glaubte immer zu wissen, was Verkaufen sei, aber jetzt bin ich da nicht mehr so sicher. Es scheint zwar, daß ich alles nach den Regeln mache, aber ...»

«Sie meinen», unterbrach ihn der Ältere, «Sie haben die Fachliteratur gelesen, Sie haben keine Gelegenheit ausgelassen, an Motivationstrainings teilzunehmen, und Sie arbeiten oft auch noch abends und an Wochenenden?»

«Woher wissen Sie das?»

«Und jetzt haben Sie den Punkt erreicht, wo Ihr Einkommen zurückgeht, wo Sie immer mehr arbeiten und Ihre Umsätze stagnieren ...»

«Genau – und wo es mir weniger Spaß macht.»

«Also ich hatte nicht vor, Ihnen das unter die Nase zu reiben», sagte der Ältere. «Aber vielleicht ist es nun doch ganz interessant für Sie zu erfahren, daß ich meine umsatzstärksten Jahre mit 20-Stunden-Wochen geschafft habe.»

«Toll», antwortete der Besucher, «aber genau das interessiert mich sehr. Ich habe natürlich schon gehört, daß Sie sehr gut sind. Man nennt Sie den Ein-Minuten-Verkäufer, wie kommt das?»

Sein Gastgeber parierte: «So werde ich nur von denen genannt, die meinen Erfolg nicht nachvollziehen können.»

Unser Mann wußte nicht, wie er das verstehen sollte.

Der Vorstandsvorsitzende lächelte. Er schrieb etwas auf ein Stück Papier und gab es dem Besucher. Da stand: *Die Ein-Minuten-Verkäufer-Persönlichkeit.*

«Warum Verkäufer-Persönlichkeit statt einfach nur Verkäufer?»

«Ich hatte mal einen hervorragenden Chef», sagte der Vorstandsvorsitzende. «Wir nannten ihn den Minuten-Manager, weil er so glänzende Ergebnisse in so kurzer Zeit erzielen konnte – eben in einigen wenigen entscheidenden Minuten.

Er brachte mir einen einfachen Grundsatz bei und ermutigte mich, ihn auf meine Weise zu übernehmen und beim Verkaufen anzuwenden.

Heute weiß ich, daß er eines der wichtigsten Geheimnisse des Verkaufens ausspricht. Er lautet ganz einfach:

Hinter jedem Verkauf steckt ein MENSCH

Der andere – den man gewöhnlich ‹Kunde› oder ‹Interessent› nennt – ist in allererster Linie ein Mensch. Wenn Sie den anderen oder die andere nur als Umsatzbringer behandeln und nicht als Menschen, dann machen Sie sich selbst zum Hausierer.»

«Aber Sie sprechen doch selber sehr häufig von ‹Verkauf›, ‹Verkäufer› und ‹verkaufen›: warum tun Sie das, wenn Sie im anderen zunächst und zuerst den Menschen sehen wollen?»

«Ich tue das – offen gesagt –, um eine Sache, an der mir doch auch etwas liegt, nicht ganz aus den Augen zu verlieren: nämlich Geldverdienen.»

Diese Antwort gefiel dem Besucher, obwohl er noch nicht so ganz sehen konnte, was das eine mit dem anderen zu tun hatte. Der Vorstandsvorsitzende erklärte weiter:

«Es ist ein Teil Ihres Problems, daß Sie glauben, das eine stünde mit dem anderen in Widerspruch. Tatsache ist aber: wenn ich kontinuierlich mein Geld verdiene, ist das eigentlich immer auch ein sicheres Zeichen dafür, daß ich anderen Menschen – nämlich meinen Kunden – von Nutzen bin.»

Der Besucher sagte: «Das ist mir aber ziemlich egal, wenn ich mir draußen die Hacken abrenne, um eine Mark zu verdienen!»

«Und das ist wohl der Grund, weshalb Sie sich die Hacken abrennen.»

Diese Bemerkung traf ihn. Aber vielleicht gerade weil sie sich so einfach anhörte, begriff er immer noch nicht ganz. «Erklären Sie mir doch bitte diese Sache mit der einen Minute», sagte der Besucher.

«Es gibt bei jedem Verkauf einige ganz entscheidende Minuten. Wenn ich sage, daß hinter jedem Verkauf ein *Mensch* steckt, dann ist das im doppelten Sinne gemeint: der eine Mensch ist der Käufer, der andere Mensch ist der Verkäufer.

Die entscheidenden Minuten beim Verkauf sind diejenigen, die jedem von beiden gelten: dem Käufer und dem Verkäufer.

Und daher besteht das Ein-Minuten-Verkaufen aus zwei Teilen: dem Verkaufen an andere und dem Verkaufen sich selbst gegenüber.»

Der Ältere fragte: «Kennen Sie die achtzig- zu -zwanzig-Regel?»

«Natürlich.» Der Besucher fühlte sich jetzt wieder auf sicherem Boden. «80 Prozent unserer Ergebnisse erzielen wir mit etwa 20 Prozent unserer Arbeit. Und 80 Prozent unserer Umsätze erzielen wir mit 20 Prozent unserer Kunden ...»

Der andere fügte hinzu. «Und 20 Prozent der Leute in den meisten Verkaufsteams machen fast 80 Prozent der Gesamtumsätze.»

«Ja», seufzte der Besucher. «Ich habe ja auch immer darum gekämpft, zu diesen oberen 20 Prozent zu gehören und da auch zu bleiben. Aber was hat das mit dem Ein-Minuten-Verkaufen zu tun?»

«Vor langer Zeit habe ich mir einmal vorgenommen, endlich herauszufinden und zu verstehen, was diese 20 Prozent Spitzenleute anders machen. Nach einiger Zeit wurde mir klar, daß der Unterschied nur darin bestand, ein paar Minuten für diese wenigen Dinge aufzuwenden, die die Besten vom Durchschnitt trennen.

Nachdem mir absolut klar war, was diese Dinge sind und wann diese entscheidenden Minuten dran sind, stiegen meine Umsätze gewaltig.

Bitte halten Sie mich nicht für taktlos, wenn ich Sie jetzt direkt frage: Wissen Sie, welche Minuten bei Ihrem Verkaufsstil die entscheidenden sind? Oder verschwenden Sie Ihre Zeit und Kraft mit unnützen Dingen? Falls das so ist, dann handelt es sich um ein schlummerndes Verkaufstalent.»

«Ein schlummerndes Verkaufstalent?» Langsam wurde der Mann verzweifelt.

Der ältere Mann ließ seinen Besucher nicht länger zappeln. «Mit Sicherheit weiß ich nicht alles über das Verkaufen. Ich bezweifle, daß irgend jemand das tut. Aber ich weiß, was für mich die entscheidenden Minuten sind. Und Sie sollen erfahren, welche Ihre sind. Denn wenn Sie die für Sie entscheidenden Minuten kennen, dann werden Sie schneller verkaufen.»

Der junge Mann merkte, daß das Minuten-Verkaufstalent des Älteren auf einer starken Persönlichkeit beruhte, und er spürte, daß diese erfolgreiche Führungskraft ihn gern hatte. Seine Abwehrhaltung begann zu schwinden.

«Einige dieser entscheidenden Minuten sind im Grunde ganz einfach», sagte der Vorsitzende, «aber es hat keinen Sinn, Ihnen das jetzt schon zu erzählen – das heißt, bevor Ihnen klar ist, weshalb ich das Wort MENSCH da hingeschrieben habe und weshalb mir das Geldverdienen trotzdem nicht unwichtig ist.

Geld zu verdienen ist wichtig. Es ist eines meiner *Ziele*. Aber es ist nicht der *Sinn* meines Lebens – nicht mal der Sinn meines Verkaufens.»

«Geldverdienen ist für Sie nicht der Sinn des Verkaufens? Das ist schwer zu verstehen. Wozu sollte ich mich sonst so abrackern?»

«Ich behaupte, daß Ihre ganze Karriere sich völlig ändern wird, wenn Sie erst in der Lage sind, sich diese Frage selbst zu beantworten; die Lektion heißt: der wundervolle Widerspruch.»

Der erfolgreiche Topmanager fügte hinzu: «Ich habe früher die Welt als Schauplatz für ein brutales ‹Einer frißt den anderen› betrachtet und hatte die Befürchtung, mich darin nicht behaupten zu können. So war das bei mir, bevor ich entdeckt hatte, wie praktisch dieser Widerspruch ist, vor allem, nachdem ich endlich angefangen hatte, ihn einzusetzen – beim Verkaufen und in meinem Leben. Und ich staune immer noch über seine Kraft!»

Jetzt wollte es der Besucher aber wissen: «Und was ist das für ein wundervoller Widerspruch?»

Der wundervolle Widerspruch

Es macht mir mehr Spaß
und ich habe größeren finanziellen Erfolg,
wenn ich aufhöre zu versuchen,
das zu bekommen, was ich will,
und beginne, anderen zu helfen,
das zu erreichen, was sie wollen.

Unser Mann verstand diesen Satz nicht. «Schön und gut, aber für meine Begriffe ist es der Sinn und Zweck meiner Firma, Gewinn zu machen!»

Der große Chef lächelte: «Würden Sie denn zu Ihren Kunden sagen: ‹Übrigens, falls Sie wissen wollen, warum ich Sie besuche: Der Grund ist, ich möchte ein bißchen Umsatz für meine Firma machen›?»

«Nein, ich glaube kaum, daß das gut ankommen würde.»

«Natürlich nicht. Was würden Sie von jemandem halten, der vor einem kalten Ofen sitzt und sagt: ‹Sobald du mir etwas Wärme gibst, gebe ich dir etwas Holz›?»

«Ich würde sagen, er hat keine Ahnung, wie die reale Welt funktioniert.»

«Richtig», sagte der große Chef. «Aber den erfolgreichsten Firmen ist das natürlich schon klar. Sie wissen, daß sie zunächst einmal ihre eigentliche Aufgabe erfüllen müssen und erst dann Geld verdienen können. Genauso ist es auch bei den Top-Verkäufern: sie gehen systematisch vor: Das Wichtigste kommt zuerst dran. First things first.»

Um es ganz genau zu verstehen, hakte unser Mann nach: «Und was *tun* Sie, um anderen Leuten dabei zu helfen, daß sie bekommen, was *sie* wollen?»

«Was *ich* tue, ist nicht so wichtig. Für Sie ist allein wichtig, was Sie tun wollen, wenn Sie verkaufen.

Was Sie tun, um erfolgreich zu verkaufen, wird vermutlich etwas anders sein als das, was ich und andere tun. Sie werden Ihren eigenen, nur für Sie erfolgreichen Stil entwickeln.

Sie werden sehr schnell herausfinden, was Sie tun müssen, wenn Sie erst einmal verstanden und in die Praxis umgesetzt haben, was ich ‹Sinn-voll verkaufen› nenne.»

Unser Mann war durchaus bereit, sich darauf einzulassen, denn er wollte es ja besser machen. Er fragte: «Was genau meinen Sie mit ‹Sinn-voll verkaufen›?»

«SINN BEIM VERKAUFEN kann zweierlei heißen», sagte der große Chef.

«Erstens bedeutet Sinn-voll verkaufen, daß ich mir regelmäßig dessen *bewußt* bin, was ich tue. Ich spule nicht gedankenlos eine auswendig gelernte Verkaufsmasche ab. Bei jedem Verkaufsgespräch tue ich das, was ich tue, bewußt – eben mit Sinn.

Aber es ist die zweite, die tiefere Bedeutung von Sinn-voll verkaufen, in der die eigentliche Kraft steckt.

Können Sie den Unterschied definieren zwischen Ziel (etwa Geld verdienen) und Sinn?»

«Ich versuch's mal. Ich würde sagen, ein Ziel ist etwas, was man erreichen kann. Es gibt da einen Anfang und ein Ende. Während Sinn etwas Dauerhaftes ist, das unserem ganzen Leben eine Bedeutung gibt. Ich glaube, wenn jemand in seinem Leben einen Sinn sieht, dann macht ihm alles, was er tut, viel mehr Spaß!»

«Ausgezeichnet! Aber haben Sie wohl schon mal ein Ziel gehabt, das Sie erreichen wollten, und dann haben Sie es erreicht und mußten sehr schnell feststellen, daß es Sie nicht glücklich macht?»

«Ja, aber ich fand es verkehrt, daß ich so empfinde.»

«Diese Empfindung haben aber viele Menschen. Und zwar deshalb, weil sie Zielen nachjagen, um etwas zu beweisen, was gar nicht bewiesen werden muß: nämlich, daß sie auch so ihren Wert als Mensch haben. Natürlich sind Ziele sehr wichtig, weil sie uns helfen, das zu bekommen, was wir wollen. Aber nur allzu oft hetzen wir ihnen nach, nur um etwas zu bekommen, was wir schon haben – unseren Wert.»

Unser Mann zuckte wie elektrisiert. «Aber auf welche Weise kann ich den Unterschied zwischen meinen Zielen und meinem Sinn feststellen?»

«Haben Sie schon mal den Grabstein-Test gemacht?»

«Nein, ich glaube, an den würde ich mich erinnern.»

«Der kann Ihnen helfen, die Frage nach dem Sinn zu beantworten. Beschäftigen Sie sich doch mal mit der Frage: Was
möchte ich auf meinem Grabstein stehen haben? Denn das
heißt ja: Was war der Sinn meines Lebens?

Wenn das, was Sie tun, um Ihren Lebensunterhalt zu verdienen, nicht zum Sinn Ihres Lebens beiträgt, dann werden Sie
unglücklich, und es wird Ihnen schwerfallen, erfolgreich zu
sein.

Möchten Sie, daß auf Ihrem Grabstein steht ‹Er gewann den
Verkaufswettbewerb› oder ‹Er hat eine Menge Umsatz gemacht›? Oder würde es Ihnen besser gefallen, wenn da stünde:
‹Er half vielen Leuten, daß sie bekamen, was *sie* wollten, und
daher bekam auch er, was *er* wollte›?»

Unser Mann sagte nachdenklich: «So habe ich das noch nie
betrachtet.» Dann gab er zu: «Ich bin mir gar nicht so sicher,
daß ich weiß, was die Leute wirklich wollen.»

«Was wollen *Sie* denn?» fragte der große Chef. «Wenn Sie das
beantworten können, werden Sie wahrscheinlich auch wissen,
was andere Leute wollen.»

«Ich glaube, ich möchte stolz sein auf das, was ich tue ... und
vor allem möchte ich mich selber gut finden können.»

«Genau!» rief der große Chef. «Jetzt sind Sie schon ganz nah
dran an der Kraft, die in dem Ein-Minuten-Verkaufen steckt –
an dem Sinn!

Er besteht darin, den Leuten das zu geben, was auch Sie
selbst haben möchten.

Ich will Ihnen zeigen, was ich mir mal aufgeschrieben habe»,
sagte das berühmte Verkaufstalent. «Ich bewahre es in meiner
Brieftasche auf und lese es immer wieder. Es ist *der Sinn* meines Verkaufens.

Egal, ob ich jemandem eine Dienstleistung, ein Produkt oder
eine Idee verkaufe, es klappt immer besser, wenn ich daran
denke, Sinn-voll zu verkaufen.» Auf dem Kärtchen stand:

Der Sinn meines Verkaufens

      ist es,
den Menschen zu helfen,
ein gutes <u>Gefühl</u> zu bekommen
über das,
was sie kauften,
und über sich selbst.

Unser Mann nickte und lächelte. «Die anderen wünschen sich das gleiche wie ich», sprach er nachdenklich vor sich hin. Eigentlich hatte er das schon immer gewußt. Er mußte darüber staunen. «Es ist nicht so, daß wir auf die anderen angewiesen sind. Oder daß wir darauf angewiesen sind, anderen zu helfen. Nein: *Wir sind die anderen!*

Ehrlich gesagt, ist mir nie bewußt gewesen, daß ich einen solchen Sinn zugrunde lege. Ich hatte immer nur eine Menge Ziele.»

«Der schnellste Weg, Ihre Ziele zu erreichen», sagte der große Chef, «ist, daß Sie nur Sinn-volles tun. Haben Sie sich schon mal überlegt, daß Sie Ihren Kunden tatsächlich etwas Wertvolles vermitteln?

Denn eines steht fest: mit einem Produkt oder einer Dienstleistung, an die Sie selbst glauben, ist das Verkaufen an sich bereits die Vermittlung von etwas Wertvollem. Verkaufen heißt auch immer: dem Käufer etwas Gutes verschaffen. Sie helfen den Leuten, ihre Probleme zu lösen und ihre Chancen zu nutzen und eben dadurch ihr Selbstwertgefühl zu steigern. Diesen Zusammenhang kann man entweder als Tatsache anerkennen, oder man läßt es bleiben.»

«Und was wären die Folgen, wenn man diesen Zusammenhang nicht sieht oder sehen will?»

«Wollen Sie damit sagen, daß es Ihnen egal ist?»

«Egal wohl nicht. Obwohl, ganz sicher bin ich mir da nicht.»

«Genau das war bisher vermutlich Ihr größtes Problem. Sie haben folgende Möglichkeiten: entweder Sie sehen einfach nicht, daß Sie Ihrem Kunden ganz persönlich etwas geben, dann machen Sie weiter wie bisher, luchsen Ihren Kunden das Geld ab und fühlen sich dabei eigentlich gar nicht so recht wohl. Oder Sie sind stolz darauf, daß Sie anderen dienen, helfen, ihnen etwas geben, daß Sie Unterschiede machen, wenn Sie und wem Sie Ihre Aufmerksamkeit schenken – und dadurch den anderen etwas Wertvolles zukommen lassen.»

«Das Ganze läuft wohl darauf hinaus, daß man sich für seine Kunden echt interessiert, nicht wahr?»

Der große Chef – erwiesenermaßen ein überragendes Verkaufstalent, das mehr verkauft hatte als jeder andere, und zwar in kürzerer Zeit – sagte nichts. Er wollte in seinem Besucher die Einsicht nachklingen lassen, die er eben ausgesprochen hatte.

«Das Ganze läuft darauf hinaus, daß man sich für seine Kunden echt interessiert.»

«Da haben Sie's doch! Ich konnte Ihnen das nicht sagen, denn dann hätten Sie mich nur für einen Moralprediger gehalten. Echtes Interesse am anderen Menschen – das ist der Sinn, auf den alles ankommt.»

«Ich verstehe, was Sie meinen. Der Kunde spürt, ob man ihm echtes Interesse entgegenbringt oder nicht. Als ich anfing, habe ich mich immer sehr um mein Gegenüber bemüht, aber wahrscheinlich bin ich irgendwann in Routine verfallen. Kein Wunder, daß die Leute mir weniger abgenommen haben.»

«Und kein Wunder, daß Ihnen das Verkaufen keinen Spaß mehr gemacht hat.»

«Mir wird schon klar, daß wir hier nicht über Selbstverwirklichung und Freizeitspaß plaudern. Wir reden über Kunden, die Vertrauen zu mir haben, mich weiterempfehlen und die mir auf lange Sicht treu bleiben.»

«Jetzt kommen Sie zu meinem eigentlichen Geheimnis, nämlich wie ich mit so geringem Zeitaufwand so viel verkaufen konnte. Meine Kunden waren zufrieden und empfahlen anderen Leuten, bei mir zu kaufen. Oft sogar kamen die auf mich zu – und ich mußte gar nicht erst auf sie zugehen!»

«So betrachtet ist Sinn-voll verkaufen nicht eine Frage der Nettigkeit, sondern der Klugheit.»

«Deshalb haben wir mit dem Begriff ‹Sinn› angefangen. Denn darin – in der Sinn-Dimension – liegt der wesentliche Unterschied zwischen den 20 Prozent Spitzenleuten und den restlichen 80 Prozent.»

«Aber nun eine andere Frage», sagte der Besucher. «Wenn ich nun wieder draußen im Alltag meinen Mann zu stehen habe – wie kann ich diesem Vorsatz, immer nur Sinn-voll zu verkaufen, am besten treu bleiben?»

«Das ist ganz einfach – wie überhaupt die Methode des Ein-Minuten-Verkaufens ganz einfach ist.

Wenn ich verkaufe», fuhr der große Chef fort, «investiere ich eine Minute, um mich zu fragen: Arbeite ich mehr darauf hin zu bekommen, was *ich* will? Oder helfe ich den anderen wirklich, daß sie das bekommen, was *sie* wollen?»

«Wenn ich also feststelle», sagte unser Mann, «daß ich an mich denke, muß ich mich wieder auf den Sinn des Verkaufens und damit auf mein Gegenüber konzentrieren. Das ist wirklich ganz einfach.»

«Eines muß Ihnen allerdings klar sein», fügte der große Chef hinzu, «diese Slogans und Grabinschriften und Eselsbrücken sind lediglich Gedächtnisstützen. Sinn-voll verkaufen ist eine Idee, eine Lebensform, es ist die Grundeinstellung, von der Sie ausgehen – kein Schlagwort. Oder mit Ihren Worten gesagt: worauf es ankommt, ist *echtes Interesse.*»

«Interesse, Anteilnahme – diese Worte bedeuten mir wirklich sehr viel.»

«Dann müssen Sie das auch wieder in Ihre Verkaufstätigkeit einbringen. Denn ich habe immer wieder die Erfahrung gemacht: wenn Verkäufer sich ‹des Sinns› bewußt sind, also dessen, was sie wirklich antreibt, und wenn dieses Bewußtsein ihr Denken, Fühlen und Handeln trägt, dann verkaufen sie ihre Produkte und Dienstleistungen nicht nur leichter, sondern...»

«... es macht ihnen auch mehr Spaß!» Der Besucher merkte, wie seine Frustrationen – die Schuldgefühle und der verzweifelte Versuch, sich ständig selbst zu beweisen – langsam schwanden. Statt dessen ergab sich etwas viel Wertvolleres für ihn – eine Seite seiner Persönlichkeit, die er schlichtweg vergessen hatte. Er fühlte sich stolz wie noch nie.

«Was ist Ihnen lieber?» wurde er gefragt: «Mit aller Kraft darauf hinarbeiten, das zu kriegen, was Sie haben wollen – zum Beispiel Ihre Verkaufsquote zu erreichen –» bei diesen Worten legte sich die Stirn des Besuchers in Falten – «oder daß Sie einfach anderen Menschen dabei helfen, das zu bekommen, was sie wirklich wollen?» Da lächelte unser Mann.

Der große Chef faßte selbst die Antwort zusammen:

Mein Stress verschwindet sofort,
wenn ich nicht mehr versuche,
die Menschen zu etwas zu zwingen, was sie gar nicht wollen.
Wenn ich Sinn-voll verkaufe,
schwimme ich mit dem Strom
und nicht mehr gegen ihn.

«Sie sind in dieser Hinsicht wie die meisten Menschen: Sie werden weniger unter Stress stehen und mehr verkaufen, wenn Sie Ihrem Gegenüber helfen. Das war bei mir so, und das wird noch mehr auf Sie zutreffen.»

«Wieso noch mehr auf mich?» fragte unser Mann.

«Weil es bei der heutigen Marktlage mehr denn je auf das individuelle Verkaufstalent ankommt. Die Konkurrenzprodukte werden sich immer ähnlicher. Wie Sie ja wissen, besuchen viele Leute heutzutage Messen, wo sie alle konkurrierenden Produkte und Dienstleistungsangebote beieinander haben. Sie sehen also auch die Alternativen zu Ihrem Angebot. Tatsächlich sind die Menschen heutzutage oft ratlos, weil sie so viele verschiedene Entscheidungsmöglichkeiten haben. Wer die Wahl hat, hat die Qual. Was ist den Menschen wohl am wichtigsten, wenn sie sich aus einer solchen Fülle ähnlicher Produkte für eines entscheiden sollen? Versetzen Sie sich mal in die Lage des Käufers.»

«Ich möchte der Person und der Firma, von der ich kaufe, vertrauen können. Und ich erwarte guten Service. Vertrauen und Service – darauf käme es mir an beim Kaufen.»

Der große Chef stimmte zu: «Und Millionen anderen auch. Und deshalb wird das Verkaufstalent, das Sinn-voll verkauft, auch sehr gut ankommen. Weil es den Menschen Vertrauen einflößt und für guten Service sorgt.»

Er fügte hinzu: «Ich kann das sehr gut in unserer Firma beobachten. Wenn wir in einem Bezirk den Verkäufer wechseln – wobei das Produkt oder die Dienstleistung, unsere Konditionen und die Konkurrenzsituation unverändert bleiben –, dann können unsere Umsätze je nach dem Vertrauen, das unser Verkäufer dort genießt, gewaltig steigen oder fallen. Sinn-voll verkaufen ist die beste Investition, die ein Verkäufer in seine gegenwärtigen oder zukünftigen Verkaufsaktivitäten einbringen kann.»

Der große Chef ging zu seinem Schreibtisch, nahm eine Liste und sagte: «Vielleicht interessiert Sie das.»

Alle», erklärte der erfolgreiche Unternehmer und Verkäufer, «die hier auf der Liste stehen – Damen und Herren –, wissen, daß sie mehr Erfolg haben, seit sie wissen, wie man ein Ein-Minuten-Verkaufstalent wird. Nachdem sie gelernt haben, Sinn-voll zu verkaufen, verwenden sie Verkaufsmethoden, die nur ungefähr eine Minute Zeit in Anspruch nehmen. Einige dieser Methoden habe ich ihnen beigebracht, andere haben sie eigenständig entwickelt.

Es sind Leute mit den unterschiedlichsten Werdegängen und aus allen sozialen Schichten. Einige sind noch sehr jung, einige schon älter. Etliche sind Profis, die die unterschiedlichsten Arten von Produkten und Dienstleistungen verkaufen. Andere haben nicht im üblichen Sinne mit Verkauf zu tun, aber ‹verkaufen› erfolgreich ihre Ideen an andere und haben eben dadurch mehr Erfolg im Berufsleben.

Suchen Sie sich ein halbes Dutzend heraus, und reden Sie mit ihnen. Sie werden sehr schnell feststellen, daß diese Prinzipien mehr oder weniger für jeden gelten. Denn sie basieren auf allgemeingültigen Grundregeln dafür, wie Menschen denken, fühlen und handeln.

Wahrscheinlich wird Ihnen auffallen, daß diese Leute nicht nur Sinn-voll verkaufen können, sondern auch sehr gut sind in den ‹klugen Kleinigkeiten›, das heißt, daß sie Dinge berücksichtigen, die ihnen beim Verkauf eindeutig helfen, an die aber die meisten nicht denken.

Und wenn Sie mit beliebig vielen erfolgreichen Verkäufern gesprochen haben, dürfen Sie mich gern wieder besuchen. Es wäre mir ein Vergnügen, Ihnen zu erklären, *warum* das Ein-Minuten-Verkaufen so gut funktioniert – sowohl für den Käufer als auch für den Verkäufer.»

Der große Chef erhob sich, gab seinem Besucher die Hand und begleitete ihn zur Tür.

Mit einem Blick auf die Liste sagte unser Mann: «Vielen Dank. Ich fange sofort an.»

ÜBERRASCHT war unser Mann, als er sich in einer Universität wiederfand. Er fragte sich, ob er an der richtigen Adresse sei.

Dr. Elizabeth Simon, Vorstandsmitglied des Verbandes ehemaliger Studenten, nahm ihrem Besucher sehr schnell die Befangenheit. «Sie interessieren sich also auch für das, was viele von uns vom großen Chef, diesem einmaligen Ein-Minuten-Verkaufstalent, gelernt haben. Offen gestanden: ich selbst habe davon erst vor wenigen Jahren etwas gehört. Bis dahin hätte ich es nie für möglich gehalten, daß ich jemals etwas verkaufen könnte.»

Sie erklärte, daß ihre Verkaufsfähigkeiten ihr auf drei Gebieten mehr Erfolg gebracht hätten: Im Verwaltungsbereich verhalf sie den anderen Fakultätsmitgliedern zu dem stolzen Gefühl, ein gut funktionierendes Institut zu haben. Als Dozentin half sie ihren Studenten, mit Freude in die Wissenschaft einzudringen und Kenntnisse zu erwerben. Und schließlich als Leiterin des bedeutenden Fördervereins bekam sie jedes Jahr Millionen Dollar zusammen, indem sie ehemaligen Studenten und anderen Spendern das Gefühl vermittelte, sie besäßen einen Teil der Universität, mit der sie gern verbunden sein möchten.

Der Mann brannte darauf, zum Kern der Sache zu kommen: «Können Sie mir sagen, was Sie konkret *tun*, wenn Sie verkaufen?»

Der Frau war nicht ganz wohl bei dem Gedanken, einem Verkäufer etwas über das Verkaufen zu erzählen. Aber sie hatte ja selber beim «Ein-Minuten-Verkaufstalent» gelernt.

«Lassen Sie mich damit anfangen», schlug sie vor, «daß ich für einen Augenblick den Spieß umdrehe: Was tun Sie normalerweise, *bevor* Sie in das Verkaufsgespräch hineingehen?»

«Vorher?» wiederholte unser Mann. «Ich versuche, etwas über die Firma und über die Person in Erfahrung zu bringen, die ich besuchen will.»

«Ja, das ist auch sehr wichtig und nützlich», sagte Frau Dr. Simon. «Aber woran denken Sie in der Minute, unmittelbar bevor Sie dem Kunden gegenüberstehen?»

«Oft gehe ich Einwände durch, die kommen könnten, oder überlege, was schiefgehen könnte.»

«Indem Sie das tun», sagte sie, «zeichnen Sie also im Geiste ein Bild von dem, was passieren wird, noch bevor es passiert. Wie Sie gerade sagten, denken Sie an das, was schiefgehen könnte.»

Sie lächelte und sagte: «Das kommt mir sehr bekannt vor. Genau das gleiche habe ich immer getan, bevor ich zu einer Fakultätsversammlung gegangen bin oder zu einer ähnlichen Veranstaltung. Ich hielt das für sehr geschickt, denn ich wollte ja gut vorbereitet sein – aber das Ergebnis war immer enttäuschend.

Wenn ich jetzt jemandem helfen will, etwas zu kaufen, nehme ich mir vorher eine Minute Zeit (man braucht tatsächlich nur etwa eine Minute), um mir vorzustellen, wie die ganze Begegnung von Anfang bis Ende glatt abläuft. Diesen Prozeß nenne ich ‹Die Ein-Minuten-Probe›.»

«Und Sie sehen das *alles* in nur einer Minute ablaufen?»

«Alles Wichtige. Schauen Sie sich Werbespots im Fernsehen an, die Sie ansprechen. Die besten schaffen es, sich mit Ihrem Problem zu identifizieren und sowohl Sie als auch den Anbieter sehr vorteilhaft darzustellen, wenn beides, das Problem und die Lösung, zusammenkommt – und sie brauchen dafür kaum eine ganze Minute. Eine gute ‹Ein-Minuten-Probe› sieht sehr ähnlich aus – wie ein wirklich guter Werbespot.

Je aufgeräumter und positiver Sie in Ihrer ‹Ein-Minuten-Probe› sind, desto wahrscheinlicher werden Sie erfolgreich sein. Zusammengefaßt:

Immer wenn ich Erfolg habe,
dann weiß ich,
daß ich bewußt oder unbewußt
eine positive Einstellung
gewählt habe,
die meinen Erfolg
erst möglich macht.

Wenn Sie eine Fernsehwerbung sehen, dann denken Sie doch mal über die erfreuliche Problemlösung nach, die Sie da sehen», fügte die Frau hinzu. Dann lächelte sie und fragte: «Was haben Sie sich mit Vorliebe in letzter Zeit vorgestellt?»

Unser Mann schaute ein bißchen verlegen drein, mußte dann aber über sich selbst lachen. «Ich glaube, ich stelle mir vor, was schiefgehen könnte.»

«Klar, und raten Sie mal, was dann passiert?»

«Es geht schief.» Der Besucher lachte und sagte: «Wissen Sie, wenn ich mir das so überlege – früher fand ich, daß Verkaufen Spaß macht. Damals habe ich eine Menge mehr Umsatz gemacht. Aber bitte sagen Sie mir», bat er, «wenn Sie sich diese Dinge vor einem Verkauf vorstellen, geschieht das visuell – wie bei den Fernsehspots, von denen Sie gesprochen haben?»

«Meine Vorstellung gleicht eher der Hörfunkwerbung», sagte Frau Dr. Simon. «Ich denke in Worten. Doch ich kenne andere, die ihren Erfolg voraus‹sehen›. Das Ein-Minuten-Verkaufstalent sagt: ‹Die besten Leute nehmen das, was bei ihnen am besten funktioniert.›»

«Bei meinen größten Erfolgen», dachte der Mann laut, «habe ich mir einen früheren Verkaufserfolg ins Gedächtnis zurückgerufen und versucht, es bei meinem nächsten Termin genauso zu machen.»

«Sehen Sie!» betonte die Frau. «Sie wissen es bereits. Gelegentlich haben Sie es schon erfolgreich angewandt. Sie sind genau wie wir andern. Es geht einfach nur darum, etwa eine Minute Zeit zu investieren – deshalb heißt es ja auch das Ein-Minuten-Verkaufen. Es geht schnell, und es funktioniert.»

Als unser Mann mehr über die Probe wissen wollte, gab sie ihm eine Antwort in drei Teilen:

«Der erste Teil besteht aus dem *Sich-in-den-anderen-Hineinversetzen*, das heißt, man versucht, die Dinge mit den Augen des anderen zu sehen. Der zweite Teil umfaßt *die Vorteile* – wie die Eigenschaften meines Produktes dazu beitragen, sein Problem zu lösen. Und der dritte Teil ist – so kitschig das auch klingen mag – das *Happy-End*; man stellt sich vor, wie der andere von dem profitiert, was er gekauft hat, und wie er deshalb mit sich zufrieden ist.»

«Würden Sie mir diese einzelnen Schritte bitte genauer erklären?»

Die kluge Dame, die so geschickt verhandeln konnte, sagte: «Bitte mißverstehen Sie das nicht als Unfreundlichkeit, aber das möchte ich gerade nicht.» Lächelnd fügte sie hinzu: «Jedenfalls nicht so direkt, wie Sie sich das vielleicht wünschen. Niemand kann wirklich etwas lernen nur durch die Erklärungen von irgend jemand anderem, aber manchmal können ein paar Tips uns helfen, selber auf den Trichter zu kommen oder auch etwas Neues zu entdecken.»

«Das also hatte das große Ein-Minuten-Verkaufstalent mit mir vor!» erkannte der Besucher. «Anstatt mir etwas über den Sinn zu *sagen*, ließ er mich selbst drauf kommen!»

«Das hätte er aber nicht tun können, wenn Sie es nicht schon ‹gewußt› hätten», betonte sie. «Aber jetzt sind Sie wieder dran mit der ‹Ein-Minuten-Probe›. Wie, glauben Sie beispielsweise, könnten Sie sich in einen anderen Menschen hineinversetzen?»

«Ich nehme an, ich würde mich einfach daran erinnern, wie ich mich fühle, wenn ich etwas kaufen will. Meinem Beruf zum Hohn neige ich dazu, Leuten zu mißtrauen, die mir etwas verkaufen wollen. Und ich erwarte einen guten Gegenwert für das Geld, das ich ausgebe. Ich möchte auf den Menschen zählen können, von dem ich etwas kaufe, falls ich mal seinen Service in Anspruch nehmen muß.»

Elizabeth Simon lächelte und sagte: «Sehen Sie: Sie haben genau das getan, was die besten Verkäufer so gut beherrschen:

Bevor ich mich in die Situation
des anderen hineindenken kann,
muß ich erst einmal meine
eigene Situation vergessen.

In Gedanken schlüpfen Sie aus der Haut des Verkäufers und in die Haut des Kunden. Wenn Sie das erst getan haben, wird jeder Verkauf leichter gehen. Genauso ist es ja mit Eltern, die ihre Vorstellungen dann erfolgreich ihren Kindern vermitteln, wenn sie sich eine Minute Zeit genommen haben, um die Dinge aus der Sicht der Kinder zu betrachten.

Der zweite Teil der Probe ist fast genauso einfach – vor allem, wenn Sie Ihre Hausaufgaben gemacht haben in bezug auf die Dienstleistung, das Produkt oder die Idee, die Sie verkaufen wollen. Wenn Sie klug genug waren, sich mit den aktuellen Besonderheiten dessen, was Sie anbieten, vertraut zu machen – wenn Sie da immer auf dem laufenden sind, dann können Sie schnell die Vorteile überblicken – und wie sie zum Nutzen des anderen eingesetzt werden können.»

«Und der dritte Teil der Probe?» fragte unser Mann. «Das Happy-End?»

«Wie würden *Sie* denn diesen dritten Teil sehen?» fragte sie zurück.

«Das hängt davon ab, wer was von mir kauft.»

«Völlig richtig», stimmte Frau Dr. Simon zu. «Ich stelle mir den Ablauf auch ganz verschieden vor, wenn es sich um meine Studenten handelt oder um die lieben Kollegen im Fakultätsrat.»

«Ich glaube, langsam verstehe ich, wie die ‹Ein-Minuten-Probe› funktioniert», sagte der Besucher. «Während Ihrer Ausführungen sah ich im Geiste eine wichtige Kundin, die ich bald besuchen werde. Ich sah ihren Bedarf von *ihrem* Standpunkt aus. Ich sah den praktischen Nutzen, den sie von dem, was ich verkaufe, haben kann. Und ich sah sie es kaufen und davon profitieren – und wie sie deshalb mit sich zufrieden ist.

Ich begann die Energie, die Kraft zu spüren, die darin steckt, daß ich ihr helfe, zufriedener zu sein. Ist das eine normale Reaktion?»

«Ja, durchaus. Wir benutzen eine ganze Reihe von Begriffen, um dieses Gefühl zu beschreiben – Begriffe wie ‹Selbstvertrauen›, ‹Mut›, ‹eine gewinnende Einstellung›. Es ist dieses Gefühl, das uns zu höheren Leistungen anspornt – und mit Sicherheit zu besseren Resultaten führt.

Bedenken Sie jedoch, daß die negativen Vorstellungen, die wir im Geiste schaffen und durchspielen, ebenso wirkungsvoll sind. Ich meine Vorstellungen, die zu Ängsten und Zweifeln führen.

Die erstaunlichste Tatsache ist, daß es ganz an uns liegt, welcher Art die Filme sind, die wir vor unserem inneren Auge ablaufen lassen. Das gibt uns Macht.

Die meisten Verkäufer (die achtzig Prozent, die nur zwanzig Prozent der Umsätze machen) sind sich der negativen Bilder, die sie im Kopf haben, unmittelbar bevor sie in ein Verkaufsgespräch gehen, nicht bewußt. Sie sind sich der Macht nicht bewußt, mit der solche Bilder unsere Verkaufserfolge in Gefahr bringen.

Sie können aber auch zu den oberen zwanzig Prozent von Verkaufstalenten gehören, die achtzig Prozent der Umsätze machen. Sie können sich für Ihren Erfolg entscheiden, indem Sie ihn voraussehen, bevor er sich einstellt.»

«Ich glaube, in Zukunft werde ich auf gut gemachte Fernsehwerbung aufpassen!» rief unser Mann begeistert.

«Aber vergessen Sie nicht», empfahl Frau Dr. Simon, «die entscheidende Figur in unserer Probe ist der *andere*. Je eher Sie sich auf das konzentrieren, was *er* will, desto eher werden Sie ihm helfen zu kaufen.»

Die Besuchszeit war im Nu vergangen, und schon schrieb unser Mann eine Zusammenfassung dessen nieder, was er gelernt hatte. Er bedankte sich bei Frau Dr. Simon und verließ die Universität.

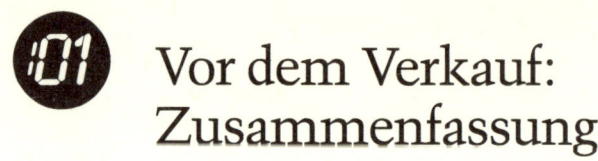

Vor dem Verkauf: Zusammenfassung

Ich führe mir vor Augen, daß der Sinn meines Handelns darin besteht, anderen zu helfen, daß sie mit dem, was sie gekauft haben, und deshalb auch mit sich selbst zufrieden sind.

Vor jedem Verkauf helfe ich mir, daran zu denken, indem ich die «Ein-Minuten-Probe» durchführe. Durch sie kann ich mir den Ablauf im voraus so vorstellen, wie ich ihn gern hätte.

1. Ich versetze mich in die Lage der anderen, um die Dinge aus ihrer Sicht zu sehen.

2. Ich sehe im Geiste die Vorteile meiner Dienstleistung, meines Produktes oder meiner Idee und wie diese Vorteile anderen Leuten dabei helfen, das zu bekommen, was sie wollen.

3. Ich stelle mir das Happy-End für die anderen vor. Ich habe ihnen das Gefühl vermittelt, das jeder gern hat: sie sind zufrieden mit dem, was sie gekauft haben, und deshalb auch mit sich selbst.

Ich sehe, daß ich bekomme, was ich möchte: mehr Umsatz mit weniger Stress.

Was ich vor dem Verkauf tue, ist der erste von drei Schritten in der Strategie des «Verkaufens an andere».

DIE STRATEGIE DES
«EIN-MINUTEN-VERKAUFSTALENTS»

Der schnellste Weg zu mehr Umsatz mit weniger Stress

ICH BEGINNE

mit dem
SINN MEINES HANDELNS
Ich helfe den Menschen, möglichst schnell sich wohl zu fühlen

DAS VERKAUFEN AN ANDERE

Vor dem Verkauf

- Erst sehe ich, wie die anderen die Gefühle bekommen, die SIE haben wollen. Dann sehe ich, wie ich bekomme, was ich will.
- Ich beschäftige mich oft und gründlich mit den Eigenschaften und Vorzügen dessen, was ich verkaufe.
- Ich sehe den Nutzen dessen, was ich verkaufe, indem es tatsächlich anderen hilft, die Gefühle zu bekommen, die sie haben wollen.

Während des Verkaufs

-
-
-
-
-
-

Nach dem Verkauf

-
-
-

DER MANN DACHTE DARÜBER NACH, was er von der Dame an der Universität gelernt hatte. Es bestätigte eindeutig seine alte Vermutung, daß Leute, die Verkaufen gelernt haben, ihr Können auf den verschiedensten Gebieten erfolgreich einsetzen können.

Er war auf dem Weg zu Jim Turner, einem der größten Verkaufstalente in der Versicherungsbranche mit einem Jahreseinkommen von über einer Million Dollar aus seiner Verkaufstätigkeit.

Noch beeindruckender war allerdings, daß Turner ein hochangesehener Herr war, der sein Leben genoß und offensichtlich mit sich und der Welt zufrieden war. Auch hatte er Zeit, andere Dinge im Leben zu genießen neben dem finanziellen Erfolg.

Das hatte er doch schon einmal gehört.

Unser Mann brannte darauf herauszufinden, wie er sein Leben genauso einrichten könne. Früher hätte er sich in Gegenwart eines so prominenten Mannes wie Jim Turner etwas unsicher gefühlt. Aber er hatte sich geistig auf dieses Treffen vorbereitet, hatte das erfreuliche Ergebnis bereits im Geiste «gesehen» und fühlte sich voller Energie und Selbstvertrauen.

Kaum hatten sich die beiden Männer die Hand geschüttelt, da teilte der Besucher seinem Gastgeber Turner die anregenden Lernerfahrungen aus seinen beiden ersten Besuchen mit und gab ihm zu verstehen, daß er noch mehr lernen wolle. «Ich habe mir bisher nie viel aus Lehrern gemacht, aber Leute wie Sie empfinde ich nicht als belehrend, sie helfen mir vielmehr, gerne zu lernen.»

«Das, mein Lieber», erwiderte Turner, «ist das Geheimnis, welches mir das Verkaufen so leicht macht.

Ich vergesse nie, daß die Menschen es hassen, etwas angedreht zu bekommen, aber es lieben zu kaufen.

Wenn ich in Top-Form bin, tue ich eigentlich nichts anderes, als den Menschen zu helfen, das zu sein, was sie gerne sein möchten: nämlich zufrieden mit dem, was sie kaufen.»

«Ich würde gerne glauben, daß das so einfach ist, aber ich habe festgestellt, daß die Leute sich gegen *jeden* Verkäufer sträuben – ich selbst tue es ja auch.»

«Damit sagen Sie nur, daß Sie es hassen, etwas aufgeschwatzt zu bekommen. Wer tut das nicht? Wenn man das Gefühl hat, etwas angedreht zu bekommen, dann stellt man die gute Absicht des Verkäufers in Frage und verliert das Gefühl, Herr der Lage zu sein.

Genau das Gegenteil ist der Fall, wenn man weiß, daß man es selbst ist, der aktiv kauft: es macht Spaß, man genießt es. Und das tritt ein, wenn der Verkäufer klar auf unserer Seite steht und uns nicht von dem ablenkt, was wir eigentlich wollen.»

«Ich verstehe, was Sie meinen: Die Leute kaufen aus ihren Gründen, nicht aus unseren.»

«Natürlich», sagte Turner, «deshalb beruht für mich der erste Schritt zum Verkauf auf folgendem:

Wenn ich wissen will,
wie ich verkaufen soll,
stelle ich mir einfach vor,
wie ich – und andere –
am liebsten kaufen.

«Kennen Sie die ‹Ein-Minuten-Probe›?»

«Ja. Ich habe sie selbst angewandt, bevor ich hierher kam.»

«Was Sie in dieser ‹Ein-Minuten-Probe› *vor* dem Verkauf durchführen, erleichtert Ihnen die Arbeit *während* des Verkaufs. Sie müssen dann nur noch dem anderen helfen, die Vorstellung, die Sie sich schon gebildet haben, zu teilen – und zwar zu *seinem* Vorteil.»

«Mal sehen, ob ich Sie richtig verstehe», sagte der Mann, dem klar wurde, daß er auch selbst die Antworten finden konnte. «Meine Sache während des Verkaufs ist es, den anderen zu helfen, daß sie den ‹Werbespot› sehen, in dem sie in meiner Vorstellung die Hauptrolle gespielt haben –, daß sie ihr Problem erkennen, daß sie sehen, wie ihnen mein Produkt bei der Lösung hilft, und daß sie nach alldem die Zufriedenheit genießen, die sie sich gewünscht haben.»

«Ja. Aber bedenken Sie: im voraus können Sie bestenfalls *antizipieren*, welche Bedürfnisse sie haben und was sie zufrieden macht. Während des Verkaufsvorganges haben Sie dann die Chance, Ihre Vorstellung den wirklichen Kaufgründen des Kunden anzupassen.»

«Was sind denn seine wirklichen Kaufgründe?»

«Die sind natürlich bei jedem Kunden individuell verschieden. Bevor wir seine Kaufgründe untersuchen, lassen Sie uns erst einen Blick auf die vier häufigsten Gründe werfen, aus denen er *nicht* kauft – auf die vier Hindernisse, derentwegen er nicht bekommt, was er haben will.

Verkäufer sind dazu da, dem Käufer beim Kaufen zu helfen. Wenn aber der Käufer dem Verkäufer nicht traut, keinen Bedarf an unserer Dienstleistung verspürt, nicht glaubt, daß unser Produkt mehr zu bieten hat als das der Konkurrenz, und mit dem Kaufen keine Eile hat, dann wird er unsere Unterstützung nicht annehmen.»

«Wie können wir ihm aber helfen, diese Hindernisse zu überwinden?»

«Um den Menschen zu helfen, daß sie mir vertrauen können, denke ich an den ‹Sinn› meines Handelns. Die Menschen merken es sehr bald, wenn der Sinn Ihres Handelns darin liegt, ihnen zu helfen. Ich sage dem Kunden, daß ich etwas vorhabe und daß ich es entweder bei diesem Besuch oder bei nächster Gelegenheit tun werde, und ich beschreibe *Absicht, Ablauf und Nutzen.*»

«Ist das nicht der Sinn beim ‹Sinn-vollen Verkaufen›?»

«Ja. Wenn Sie sich über den Sinn selbst im klaren sind, kommt es nur noch darauf an, daß Sie ihn dem Kunden verdeutlichen. Wenn ich beispielsweise Sie besuchen würde, könnte sich das etwa so anhören:

‹Als ich mich auf diesen Besuch vorbereitete, fiel mir ein, daß die meisten Leute, mit denen ich bisher zusammengearbeitet habe, einige Fragen hatten, die sie beantwortet haben wollten, bevor das eigentliche Gespräch beginnt. Sie wollten wissen, mit welcher Absicht ich sie besuche, wie es ablaufen wird, wenn sie sich entscheiden, unser Angebot näher zu prüfen, und schließlich was für einen Nutzen sie aus der Zeit ziehen werden, die sie vielleicht in mich investieren. Falls Ihnen diese Fragen auch schon durch den Kopf gegangen sind, würde ich sie gerne beantworten.› – Klingt das einleuchtend?»

«Ja. Lassen Sie mich nun Ihre Antwort hören!»

«Nun, zum ersten Punkt möchte ich …» Jim Turner hielt inne und lachte. «Nicht meine Antwort ist in diesem Zusammenhang wichtig, sondern der Prozeß, der dazu geführt hat, daß Sie mehr hören wollen.»

«Was Sie eben gesagt haben, klingt so, daß wohl die meisten Leute zumindest bereit sind, den nächsten Schritt zu tun. Und ich glaube, mehr können Sie nicht erwarten, zumal Vertrauen nicht etwas ist, was man sich in ein oder zwei Sätzen verdient. Woran merken Sie eigentlich, ob Sie das Vertrauen des anderen Menschen gewonnen haben?»

«Das merkt man daran, wie bereit sie sind, einem ihre eigene Lage mitzuteilen. Das führt uns zum nächsten Schritt, der mit dem Hindernis ‹Kein Bedarf› zu tun hat.

Eine der wertvollsten Hilfen, die wir geben können, besteht darin, daß wir den Menschen dabei helfen zu erkennen, was sie eigentlich wollen.

Das tun wir, indem wir wesentliche Fragen stellen und intensiv zuhören.»

«Können Sie mir für beides Beispiele nennen?»

«Ja gern. Ich stelle ‹Haben›-Fragen wie: ‹Was gefällt Ihnen am besten an dem, was Sie schon haben?› Und dann ‹Haben-wollen›-Fragen wie: ‹Was hätten Sie gerne, was Sie noch nicht haben?› ‹Darf man fragen, was Ihnen an dem, was Sie haben, am wenigsten gefällt?› und so weiter.

Hier kommen gutes Zuhören und gutes Feedback ins Spiel. Wenn Sie sich die Antworten des anderen genau anhören, dann werden Sie heraushören können, ob es einen Unterschied gibt zwischen dem, was sie bereits haben, und dem, was sie haben wollen – was darauf hinausläuft, was den Kunden zufrieden machen könnte.

Dann nehme ich mir eine Minute Zeit, um die entscheidenden Punkte zusammenzufassen und zu wiederholen, damit der andere sieht, daß ich ihm zugehört und ihn verstanden habe. Das wichtigste dabei ist, daß ich ganz klar den Unterschied herausarbeite zwischen dem, was er hat, und dem, was er haben will, damit er sein Problem erkennt und entdeckt, was ihn zufriedener machen könnte.»

«Warum ist das so wichtig?»

«Weil es alles Folgende wesentlich leichter macht. Haben Sie schon mal eine Lösung präsentiert für ein Problem, das jemand noch gar nicht als solches erkannt hatte?»

«Ja, das ist sehr frustrierend.»

«Und nun zum Vergleich: ‹Wenn ich davon ausgehe, was Sie mir über das und das (also über seine Bedürfnisse) erzählt haben, dann möchte ich Ihnen das und das (nämlich mein Produkt, meine Dienstleistung oder meine Idee) vorschlagen.› Auf diese Weise stellt man eine Verbindung her zwischen Problemen und ihren Lösungen.»

«Und was ist, wenn der potentielle Käufer einen Bedarf erkannt hat, ich aber mit einem anderen Produkt in Konkurrenz stehe? Soll ich die Konkurrenz schlechtmachen, oder soll ich sie mit meinem Produkt vergleichen?»

«Was empfinden Sie», fragte das Verkäufer-As, «wenn Ihnen gegenüber ein Verkäufer seine Konkurrenz schlechtmacht?»

«Manchmal verliere ich dann die Achtung vor diesem Verkäufer – und ich verliere ein wenig das Vertrauen.»

«Ich auch. Und deshalb mache ich so etwas nicht. Vielmehr erzähle ich dem Käufer von jemand anderem, der in einer ganz ähnlichen Lage war wie er und der vom Kauf dessen, was ich anzubieten habe, profitiert hat – sofern das tatsächlich der Fall war. Dabei kann ich auch, wenn es paßt, die einzigartigen Vorzüge dessen, was ich anbiete, hervorheben und schildern, wie sie der anderen Person mit dem ähnlichen Problem geholfen haben. Was ich aber unbedingt erwähne, ist die besondere Zufriedenheit, die mein Kunde sich wünscht und die der andere Kunde erfahren hat: das Gefühl der Erleichterung, die gegenstandslos gewordene Sorge, die neu gewonnene Sicherheit – was immer es sein mag, was mein gegenwärtiger Kunde *im Grunde* kaufen will.»

«Wie meinen Sie das?»

«Wenn Sie etwas verkaufen wollen, dann ist es gut, wenn Sie wissen, was die Menschen *eigentlich* kaufen wollen.»

«Klar, nur was kaufen die Menschen *eigentlich*?»

Die Leute kaufen nicht
unsere Produkte,
Dienstleistungen oder Ideen,
sie kaufen im Grunde
die Vorstellung davon,
wie gut sie sich <u>fühlen</u> werden,
wenn sie diese benutzen.

«Ich habe Gürtelreifen verkauft, bevor ich in die Versicherungsbranche überwechselte», begann Turner. «Und ich habe mehr Reifen verkauft als jeder andere.»

Der Besucher unterbrach ihn lächelnd: «Und das mit geringerem Zeitaufwand als Ihre Kollegen.»

Turner lachte: «Woher wissen Sie das? Ich habe einmal ein Speditionsunternehmen besucht. Die Konkurrenz um diesen großen Auftrag war gewaltig. Da sah ich Familienfotos auf dem Schreibtisch des Kunden. Wir unterhielten uns so über das Leben, und dabei stellte sich heraus, daß uns beiden viel an unserer Familie lag. Er erzählte von seinen Fahrern, wie oft die von ihren Familien getrennt seien und was wohl mit ihren Angehörigen geschähe, wenn ihnen irgend etwas zustieße. Später erläuterte ich ihm dann die hohe Sicherheit unserer Gürtelreifen. Alle anderen Vertreter hatten die Laufleistung und den günstigen Preis ihrer Reifen hervorgehoben. Na, und wer hat wohl den großen Auftrag bekommen?»

«Ich verstehe schon. Sie haben sich also die paar Minuten Zeit genommen, um herauszuhören, woran der Kunde wirklich interessiert war – nämlich an Sicherheit –, anstatt mit der Tür ins Haus zu fallen und vorzusingen, was Sie an Ihrem Artikel für wichtig halten.»

«Ja. Man muß herausfinden, was der andere will.»

«Und was ist, wenn man das nicht herauskriegen kann?» fragte unser Mann.

«Dann habe ich zwei Möglichkeiten. Zunächst stelle ich weitere Fragen und höre noch intensiver zu. Und meistens komme ich dann doch an das wirkliche Bedürfnis des Käufers heran, wenn ich noch ein paar Minuten mehr investiere.»

«Und wenn nicht?» fragte unser Mann.

«Wenn der Kunde meint, er habe keinen Bedarf, dann gehe ich eben wieder. Ich rede ihm niemals künstlich einen Bedarf ein, den er nicht wirklich hat, denn das wäre keinesfalls im Interesse des Kunden. Außerdem würde mir das achtzig Prozent meiner Zeit stehlen und nur zwanzig Prozent meiner Abschlüsse bringen.

Der schnellste Weg zum Verkaufsabschluß ist es, einem Menschen ehrlich dabei zu helfen, zu erkennen, daß der Kauf wirklich in *seinem* Interesse liegt. Dann wird *er* handeln – und zwar *schnell*.

Wenn der Kauf meines Produkts nicht die beste Lösung für ihn ist, dann empfehle ich ihm die beste Einkaufsquelle, die ich kenne, und gehe zum nächsten, dem ich wirklich helfen kann. Ich verschwende keine Zeit damit, mir oder dem anderen etwas vorzumachen.»

«Gut», sagte der Besucher. «Angenommen, er vertraut mir, der Bedarf ist bei ihm vorhanden, und er weiß auch, daß ich seinen Bedarf abdecken und ihm Zufriedenheit verschaffen kann. All dies einmal vorausgesetzt: Was könnte ihn dann noch eventuell vom Kaufen abhalten?»

«Manchmal müssen Sie einfach um den Auftrag bitten. Sie würden staunen, wenn Sie wüßten, wie viele Verkäufer schlicht Angst haben, um einen Auftrag zu bitten.»

Unser Mann seufzte, weil er an die vielen Abschlüsse dachte, die er sich aus eben diesem Grund hatte entgehen lassen.

«Normalerweise ist allerdings die Angst des Kunden die Ursache dafür, daß er ‹keine Eile› hat. Dann muß man darauf hinarbeiten, daß die positiven Aspekte des Kaufs die Risiken des Erwerbs bei weitem überwiegen.

Für Verkäufer ist das etwas ganz Alltägliches: sie geben dem Interessenten eine Geld-zurück-Garantie oder eine kostenlose Probezeit, oder sie geben ihm erst einmal eine Warenprobe zum Ausprobieren oder ein kleines Musterbeispiel, damit der Kunde sehen kann, wie es sich bewährt, bevor er sich vertraglich festlegt. Wenn sich das geringstmögliche persönliche Risiko mit dem größtmöglichen persönlichen Nutzen verbindet, dann springen die Interessenten sehr schnell von ‹keine Eile› über auf ‹jetzt sofort›.»

Der Besucher zog sein Notizbuch hervor und faßte das eben Gehörte kurz zusammen – obwohl er es selber bereits praktisch anwandte:

 # Während des Verkaufs: Zusammenfassung

1. Ich nehme mir eine Minute Zeit, um an den Sinn meines Handelns zu denken: Ich will den Menschen zur Zufriedenheit verhelfen – sie sollen zufrieden sein mit dem, was sie gekauft haben, und zufrieden sein auch mit sich selbst, weil sie es gekauft haben.

2. Ich denke immer an meine Strategie: Ich will dem anderen helfen, die Dinge so zu sehen und so zu empfinden, wie ich sie in meiner «Ein-Minuten-Probe» vorausgesehen habe – was ich dann während des konkreten Verkaufsgesprächs entsprechend den wirklichen Wünschen des Kunden modifiziere.

3. Ich führe mir vor Augen, was die Menschen daran hindert, das zu bekommen, was sie wirklich haben wollen: kein Vertrauen, kein Bedarf, keine Hilfe, keine Eile.

4. Ich schaffe eine Vertrauensbasis durch Sinn-volles Verkaufen, indem ich meine Zusagen pünktlich einhalte und indem ich meine *Absicht*, den *Ablauf* unseres Verkaufsgesprächs und den *Nutzen* des Kaufs für den Interessenten beschreibe.

5. Um den Bedarf bei potentiellen Abnehmern ausfindig zu machen, stelle ich «Haben»-Fragen und «Haben-wollen»-Fragen. Der Unterschied zwischen dem, was sie haben, und dem, was sie haben wollen, ist die Gelegenheit für uns beide – für die Kunden und für mich, in dieser Reihenfolge.

6. Ich höre zu. Dann nehme ich mir eine Minute Zeit, um zusammenzufassen, was ich gehört habe – ich zeige damit, daß ich alles richtig verstanden habe.

7. Auf Grund dessen, was meine Kunden als ihren Bedarf empfinden, helfe ich ihnen, genau das zu bekommen, was sie brauchen. Wenn ich nicht helfen kann, dann sage ich es ihnen und verhelfe ihnen zu ihrem Nutzen, indem ich ihnen jemanden empfehle, der ihnen helfen kann.

8. Wenn *ich* helfen kann, erzähle ich den Kunden von jemanden in ähnlicher Lage, dem ich dabei helfen konnte, das, was er wollte, zu bekommen.

9. Wenn die Kunden sehen, daß sie von mir das bekommen können, was sie wollen, dann zeige ich ihnen, wie sie es mit geringstmöglichem persönlichem Risiko und größtmöglichem persönlichem Nutzen bekommen.

10. Ich bitte sie offen darum, bei mir zu kaufen.

Was ich während des Verkaufs tue, ist die zweite von drei Etappen in der Strategie des Verkaufens an andere:

Kurze Zusammenfassung

DIE STRATEGIE DES
«EIN-MINUTEN-VERKAUFSTALENTS»
Der schnellste Weg zu mehr Umsatz mit weniger Stress

ICH BEGINNE

mit dem
SINN MEINES HANDELNS
Ich helfe den Menschen, möglichst schnell sich wohl zu fühlen

DAS VERKAUFEN AN ANDERE

Vor dem Verkauf

* Erst sehe ich, wie die anderen die Gefühle bekommen, die SIE haben wollen. Dann sehe ich, wie ich bekomme, was ich will.
* Ich beschäftige mich oft und gründlich mit den Eigenschaften und Vorzügen dessen, was ich verkaufe.
* Ich sehe den Nutzen dessen, was ich verkaufe, indem es tatsächlich anderen hilft, die Gefühle zu bekommen, die sie haben wollen.

Während des Verkaufs

* Ich verkaufe so, wie ich selber und der andere gern kaufen. Ich investiere Zeit als MENSCH.
* Ich stelle «Haben»-Fragen und «Haben-wollen»-Fragen.
* Der Unterschied zwischen diesen beiden ist das Problem und unsere Chance.
* Ich höre zu und wiederhole, was ich gehört habe.
* Ich beziehe mein Produkt, meine Dienstleistung oder meine Idee ehrlich nur auf das, was der andere sich unter Zufriedenheit vorstellt.
* Der Interessent kauft, wenn er sieht, daß er mit geringstmöglichem persönlichem Risiko größtmöglichen persönlichen Nutzen erzielt.

Nach dem Verkauf

*
*
*

HEUTE hatte er einen Termin bei Diane Rosini. Der große Chef hatte ihm gesagt, Frau Rosini sei die erfolgreichste Verkäuferin, die er je getroffen habe – erfolgreich gemessen daran, wie man mit geringstem Aufwand am meisten schaffen kann.

Sie mußte in der Tat als Verkaufstalent ausgesprochen professionell sein. Ihr Erfolgsgeheimnis sei, so hieß es, ihre Fähigkeit, andere Menschen dazu zu bewegen, viele weitere potentielle Kunden auf sie hinzuweisen. Sie mache kaum je unangemeldete Besuche. Hauptsächlich sei sie damit beschäftigt, Aufträge von Leuten entgegenzunehmen, die speziell bei ihr kaufen wollten. Was er da hörte, machte unseren Mann sehr neugierig auf die Begegnung mit dem fabelhaften Verkaufstalent Diane Rosini.

Als er ihr gegenübersaß, war eins von vornherein zu spüren: diese Frau war völlig locker und entspannt. Sie schien unendlich viel Zeit zu haben.

Unser Mann fragte: «Worin besteht Ihr Erfolgsgeheimnis?»

Sie sagte: «Die entscheidenden Minuten bei einem Verkauf und der wichtigste Teil meiner Arbeit kommen, *nachdem* jemand bei mir gekauft hat. Diese Minuten zahlen sich nämlich am meisten aus.

Wußten Sie übrigens», fragte sie, «daß die allermeisten Verkäufer nur sehr selten Kontakt halten zu den Menschen, denen sie geholfen haben, nachdem der Verkauf getätigt worden ist?»

Unser Mann antwortete: «Nein. Und wenn ich darüber nachdenke, muß ich zugeben, daß auch ich die meisten Kunden hinterher nicht mehr anspreche, es sei denn, natürlich, wenn es Probleme gibt.»

«Haben Sie sich je gefragt, warum das so ist?» fragte Frau Rosini. «Ich habe festgestellt, daß Verkäufer in den meisten Fällen nur deshalb ungern Kontakt zu ihren früheren Kunden aufnehmen, weil sie fürchten, daß sie womöglich Beschwerden zu hören bekommen. – Wenn man gar nichts hört, bekommt man eben auch nichts Negatives zu hören. Das ist das Syndrom ‹Keine Nachrichten sind gute Nachrichten›.

Denn es ist doch so: die meisten Menschen, die etwas kaufen – seien es Kinderwagen oder Kriegsschiffe –, sind es einfach nicht gewohnt, nach dem Kauf noch einmal angesprochen zu werden.

Was ich Ihnen jetzt sage, ist wohl das bestgehütete Geheimnis unter Verkaufsprofis, das ich kenne.»

Wenn ich Sinn-voll verkaufe,
dann freuen sich die Menschen
über das, was sie gekauft haben,
und auch über sich selbst.
Und sie tun etwas Unschätzbares:
Sie empfehlen mich weiter.

«Also», sagte der wißbegierige Besucher, «empfehlen Ihre Kunden Sie weiter, nicht um Ihnen einen Gefallen zu tun, sondern weil es ihnen Freude macht, ihren Freunden zu helfen. Der Mensch handelt nun mal aus seinen eigenen Motiven, nicht aus unseren. Das klingt so einfach!»

Sie lächelte. «Erfolg heißt: das Einfache gut machen. Ich glaube, daß die meisten Verkäufer nach dem Verkauf den Kontakt zum Kunden deshalb nicht pflegen, weil sie befürchten, unangenehme Dinge gesagt zu bekommen. Ich will das mal ein bißchen genauer beschreiben.

Wenn ein Kunde bei mir gekauft hat, rufe ich ihn mehrere Male an. Ich gebe ihm zu verstehen, was der Sinn meines Anrufs ist: nämlich herauszufinden, ob er zufrieden ist und ob er mit dem, was er von mir gekauft hat, auch etwas anfangen kann.

Wenn dies der Fall ist, lobe ich ihn kurz – und aufrichtig – für seine Kaufentscheidung. Ich erwähne irgend etwas Besonderes, was er während unseres Verkaufsgesprächs gesagt oder getan hat, als wir beide gemeinsam zu dieser richtigen Entscheidung gelangten.

Ich lege mir für jeden Kunden eine kleine Akte an, die derartige Informationen enthält. Nachdem ich ihn gelobt habe, sage ich ihm, ich würde ihm gern ein kleines Geschenk zusenden. Gewöhnlich ist das eine preiswerte Kleinigkeit, die sie sich auch selbst hätten kaufen können – was sie aber nicht getan haben. Auf jeden Fall handelt es sich um ein für den Empfänger nützliches und sinnvolles kleines Geschenk.

Das bedeutet, ich tue etwas mehr, als er normalerweise von mir erwartet. Bei den meisten Kunden genügen diese Anrufe und das Lob, und indem ich diese paar Minuten nach dem Verkauf investiere, handle ich Sinn-voll.

«Außerdem frage ich meine Kunden dann, ob sie noch andere Leute kennen, die meine Hilfe brauchen könnten. Die meisten sind hocherfreut, auch etwas für mich tun zu können. Wenn ich mich um meine Kunden kümmere, kümmern sie sich um mich – indem sie mich bei jeder Gelegenheit weiterempfehlen!»

«Aber was ist, wenn Sie nach dem Verkauf Negatives zu hören bekommen und alles nicht klappt? Was machen Sie dann?»

«Zunächst einmal: ich sehe darin nichts Negatives. Bewertung – dies ist positiv, und das ist negativ –, die stammt doch allein von uns selber. Ich sehe solche Kundenaussagen einfach als Informationen an.

Nach meiner Erfahrung gibt mir jede neue Information die Chance, zu helfen und durch meine Dienste etwas zum Vorteil des Kunden zu tun. Und die meisten Leute sind fair.

Sie wissen, daß manchmal etwas schiefgehen kann. Aber für gewöhnlich haben sie in solchen Situationen die Erfahrung gemacht, daß sich dann kein Mensch um sie kümmert. Deshalb sind sie angenehm überrascht, wenn ich einspringe und mich sogar darüber freue, ihnen zu helfen. Aus diesen ‹schlechten› Erfahrungen kommen üblicherweise hinterher die besten Empfehlungen für mich heraus; und häufig führen sie zu Anschlußaufträgen.

Deshalb fällt es mir auch so leicht, mich mit Begeisterung zu engagieren und engagiert zu bleiben, auch wenn etwas schiefläuft.»

«Als ich hier hereinkam», bemerkte unser Mann, «fiel mir auf, wie locker und entspannt Sie sind. Und jetzt höre ich Sie begeistert davon sprechen, wie Sie Ihren Kunden helfen.

Eine schöne Kombination ist das: begeistert *und* entspannt zu sein.

Und warum auch nicht? Immerhin haben Sie viele, viele Menschen, die sich bei Ihnen bedanken, indem sie Sie weiterempfehlen. Diese Menschen arbeiten doch gleichsam für Sie, und zwar gratis. Und das nenne ich: mehr Umsatz machen mit weniger Stress.»

Er notierte sich, was er in diesem Gespräch mit dem Verkaufstalent Diane Rosini gelernt hatte:

 # Nach dem Verkauf:
Zusammenfassung

Nach jedem Verkauf setze ich das Sinn-volle Verkaufen fort, damit die Kunden mit dem, was sie gekauft haben, und deshalb auch mit sich und ihrer Kaufentscheidung zufrieden sind.

1. Nach dem Verkauf rufe ich meine Kunden an, um mich zu vergewissern, daß sie mit dem, was sie gekauft haben, und mit sich selbst, weil sie dies gekauft haben, zufrieden sind.

2. Wenn sie nicht zufrieden sind, nutze ich die Gelegenheit, um die Sache für die Kunden in Ordnung zu bringen.

3. Wenn sie zufrieden sind, lobe ich sie für ihre Kaufentscheidung und hebe dabei speziell den Punkt hervor, der sie dazu geführt hat.

4. Ich übertreffe ihre Erwartungen, indem ich ihnen zu einem zusätzlichen Nutzen verhelfe.

5. Wenn sie zufrieden sind, bitte ich meine Kunden um aktive Weiterempfehlung. Ich bitte um die Namen von Bekannten, mit denen ich Kontakt aufnehmen kann, wobei ich den Namen des Kunden als Empfehlung nennen darf.

Was ich *nach* dem Verkauf tue, ist die dritte Etappe einer allgemeinen Strategie des Verkaufens an andere:

DIE STRATEGIE DES
«EIN-MINUTEN-VERKAUFSTALENTS»

Der schnellste Weg zu mehr Umsatz mit weniger Stress

ICH BEGINNE

mit dem

SINN MEINES HANDELNS

Ich helfe den Menschen, möglichst schnell sich wohl zu fühlen

DAS VERKAUFEN AN ANDERE

Vor dem Verkauf

* Erst sehe ich, wie die anderen die Gefühle bekommen, die SIE haben wollen. Dann sehe ich, wie ich bekomme, was ich will.
* Ich beschäftige mich oft und gründlich mit den Eigenschaften und Vorzügen dessen, was ich verkaufe.
* Ich sehe den Nutzen dessen, was ich verkaufe, indem es tatsächlich anderen hilft, die Gefühle zu bekommen, die sie haben wollen.

Während des Verkaufs

* Ich verkaufe so, wie ich selber und der andere gern kaufen. Ich investiere Zeit als MENSCH.
* Ich stelle «Haben»-Fragen und «Haben-wollen»-Fragen.
* Der Unterschied zwischen diesen beiden ist das Problem und unsere Chance.
* Ich höre zu und wiederhole, was ich gehört habe.
* Ich beziehe mein Produkt, meine Dienstleistung oder meine Idee ehrlich nur auf das, was <u>der andere</u> sich unter Zufriedenheit vorstellt.
* Der Interessent kauft, wenn er sieht, daß er mit geringstmöglichem persönlichem Risiko größtmöglichen persönlichen Nutzen erzielt.

Nach dem Verkauf

* Ich bleibe am Ball, um mich zu vergewissern, daß meine Kunden tatsächlich zufrieden sind mit dem, was sie von mir gekauft haben.
* Wenn es ein Problem gibt, helfe ich ihnen es zu lösen – und stärke dadurch unsere Beziehung.
* Wenn sie mit dem Gekauften zufrieden sind, bitte ich sie um aktives Weiterempfehlen.

VERKAUFSLEITER David Schmidt kam hinter seinem Schreibtisch hervor und gab unserem Mann die Hand.

Als der Besucher erwähnte, wie ungewöhnlich er viele der Verkäufer fand, die er kennengelernt hatte, gab der Verkaufsleiter zu, er wolle auch nicht so sein wie die meisten anderen Verkaufsleiter.

«Ich möchte nicht so sein wie der kanadische Jagdhund.»

Als der Besucher ihn fragend anschaute, lächelte der Manager und sagte: «Ein Amerikaner fuhr einmal zur Jagd nach Kanada. Er war sehr froh, denn die Reiseorganisation hatte ihm den besten Jagdhund gegeben. Dieser Hund hieß Verkäufer.»

Der Besucher mußte lächeln.

«Zum erstenmal im Leben erreichte der Amerikaner seine volle Abschußquote von Vögeln in nur zwei Tagen. ‹Das ist der tollste Jagdhund, den ich je gehabt habe›, sagte er zu seinem kanadischen Gastgeber. ‹Den würde ich sehr gern nächstes Jahr wieder haben.›

Aber als der Amerikaner im folgenden Jahr wiederkam, wurde er enttäuscht. Man sagte ihm, es wäre sinnlos, wenn er dieses Jahr wieder mit ‹Verkäufer› auf die Pirsch ginge. Als er nach dem Grund fragte, sagte man ihm: ‹Ich fürchte, wir haben bei diesem Hund einen großen Fehler gemacht. Wir haben nämlich seinen Namen in ‚Verkaufsleiter‘ geändert.›

Der Amerikaner fragte: ‹Na und? Was ändert das an dem Hund?›

‹Sehr viel!› antwortete man ihm. ‹Seit er ‚Verkaufsleiter‘ heißt, hockt er den ganzen Tag nur auf dem Hintern und bellt!›»

Beide Männer lachten. Unserem Mann gefiel es, daß Schmidt wie auch seine früheren Gastgeber, die anderen Ein-Minuten-Verkaufstalente, lachen konnte und sich selbst nicht übertrieben ernst nahm.

Der Verkaufsleiter machte klar, daß er den Verkäufern, die für ihn arbeiteten, eine große Hilfe sein wolle. Und es dauerte nicht lange, bis er begann, den zweiten Teil des «Ein-Minuten-Verkaufens» zu erklären.

«Der erste Teil, das Verkaufen an andere, besteht darin, sich um den *Kunden* zu kümmern. Der zweite Teil, das Verkaufen sich selbst gegenüber, besteht darin, sich um den *Verkäufer* zu kümmern.

Aber so gut das für den Kunden wie für den Verkäufer auch sein mag – wissen Sie, was mir daran am besten gefällt?»

Ohne die Antwort abzuwarten, sagte er: «Besonders wichtig ist für mich die zweite Hälfte des ‹Ein-Minuten-Verkaufens›, wo es um Self-management, um eigenverantwortliches Handeln geht, weil mir dies die Arbeit wesentlich erleichtert. Wenn meine Mitarbeiter aus eigenem Antrieb handeln, spart das meine Zeit und Energie – und es gibt weniger Personalfluktuation.»

«Warum weniger Fluktuation?» fragte der Besucher.

«Weil unsere Verkäufer zufrieden sind», sagte der Verkaufsleiter. «Sie finden es einfach toll, in eigener Verantwortung zu handeln. Wenn die Mitarbeiter meiner Abteilung sich ebenso gut um *sich selbst* kümmern wie um ihre Kunden, dann machen sie mit Leichtigkeit mehr Umsatz – und haben dadurch mehr Spaß daran, hier zu arbeiten.

Wie Sie wissen», sagte der erstklassige Verkaufsleiter, «arbeiten Verkäufer draußen auf freier Wildbahn und nicht unter der Aufsicht eines Bürovorstehers. Das mögen Verkäufer! Einer der Gründe, weshalb man Verkäufer wird, ist, daß man gern sein eigener Herr ist; das gibt einem ein gutes Gefühl.

Tatsächlich beruht das ‹Verkaufen aus eigenem Antrieb› darauf, daß die Menschen, je zufriedener sie mit sich selbst sind, desto bessere Arbeit leisten. Es beruht also einfach auf der Erkenntnis: *Verkäufer, die ein gutes Selbstwertgefühl haben, bringen auch gute Resultate.*

Die besten Vorgesetzten», fuhr Schmidt fort, «wissen, daß Mitarbeiter sich bei der Arbeit am wohlsten fühlen, wenn sie etwas leisten *wollen* – nicht, wenn sie etwas leisten *müssen*.

Wenn die Leute merken, daß sie etwas für sich selbst tun, dann sind sie auch eher bereit, es tatsächlich zu tun und gut zu tun – auch ohne ständig geführt werden zu müssen.»

Der Besucher sagte: «Das entspricht ja der ersten Hälfte des ‹Ein-Minuten-Verkaufens›: Wenn der Kunde merkt, daß er bekommt, was er haben will – Zufriedenheit mit dem Gekauften und dadurch auch mit sich selbst –, dann ist er auch eher bereit, sich auf den Kauf einzulassen.»

«Die gleiche Methode des Verkaufens an andere», folgerte der erfahrene und erfolgreiche Verkaufschef, «kann auch auf das Verkaufen sich selbst gegenüber angewandt werden – das ist eine sehr wichtige Parallele.»

«Und wie helfen Sie als Verkaufsleiter Ihren Mitarbeitern dabei?»

«Bevor wir darüber reden, wie wir das machen», sagte Schmidt, «lassen Sie uns einen Blick darauf werfen, woher jeder Verkäufer seine Energie nimmt, der das Verkaufen aus eigenem Antrieb betreibt. Es handelt sich um folgendes:

Das Verkaufen aus eigenem
Antrieb hilft mir zuerst
zu erkennen, wie gut ich
<u>jetzt schon</u> bin, und läßt mich
dann bewußt erleben, wie ich
<u>noch besser</u> werde!

Der stärkste Antrieb für hohe persönliche Leistung beim Verkauf ist ein hohes *Selbstwertgefühl.*

Sie wollten wissen, wie ich unseren Mitarbeitern helfe, daß sie sich selber gut finden. Angefangen habe ich, indem ich ein ‹Ein-Minuten-Manager› wurde. Damit meine ich, daß ich drei wirkungsvolle Management-Methoden angewandt habe: Ich habe Ein-Minuten-Ziele gesetzt, Ein-Minuten-Lob ausgesprochen und Ein-Minuten-Kritik angebracht. Und damit habe ich sehr gute Resultate erzielt.

Aber ich wußte, daß Verkäufer besondere Leute sind: Sie reisen in der Welt herum, um zu verkaufen, und müssen daher ihre eigenen Manager sein – andererseits erwarten sie praktische Hilfe von mir.

Deshalb habe ich diese Methode für meine Verkäufer auf das ‹Ein-Minuten-Selbstmanagement› übertragen. Und sobald sie gelernt hatten, wie sie das anwenden konnten, waren sie davon schwer begeistert, denn es gibt ihnen genau das, was sie sich am meisten wünschen: Kontrolle über ihr eigenes Leben.»

«Wie wenden Ihre Außendienstler diese drei Methoden denn bei sich selber an?»

«Warum fragen Sie sie nicht selbst?» erwiderte der Verkaufsleiter.

Der Besucher war erstaunt, wie selbstsicher diese Menschen waren. Offenbar war es so: Je mehr man den Wert des Ein-Minuten-Verkaufens für die Praxis am Beispiel von Praktikern prüfte und in Frage stellte, desto offensichtlicher wurde dieser Wert.

Unser Mann dankte dem außergewöhnlichen Verkaufsleiter für seine Hilfe und machte sich auf, einige dieser «außerordentlichen» Verkäufer kennenzulernen.

Er freute sich schon darauf, selber die gleichen hervorragenden Resultate zu erzielen.

«VERKAUFSFÖRDERUNG wird heutzutage in allen Bereichen der Wirtschaft immer wichtiger», hörte unser Mann eine Steuerberaterin sagen, die er gerade erst kennengelernt hatte. «In Amerika betreiben heute sogar Ärzte und Rechtsanwälte regelrechtes Marketing und machen Werbung für das, was sie anzubieten haben.»

Weil sie viele neue Kunden eingebracht hatte, war die Steuerexpertin Carolyn Stafford auf dem besten Weg, Geschäftsführer und Teilhaber in einer angesehenen Finanzagentur zu werden. Sie verstand es, die drei Geheimnisse des «Verkaufens aus eigenem Antrieb» einzusetzen.

«Wie meine Sekretärin mir sagte, möchten Sie mehr über das erste Geheimnis wissen, über die ‹Ein-Minuten-Ziele›.

Seit David Schmidt meinem Chef davon erzählt hat, der es dann mir beigebracht hat, habe ich die Zahl unserer neuen Klienten beinahe verdoppeln können, die ich für unsere Firma gewinnen konnte. Als Steuerberaterin hätte ich nie gedacht, daß ich Freude am Verkaufen haben würde und daß ich das überhaupt könnte. Aber diese Methode hat mir dazu verholfen, erfolgreich zu sein, und meine Arbeit macht mir jetzt sogar mehr Spaß.»

«Daraus schließe ich, daß Sie Ihren Chef sehr hoch schätzen. Liege ich damit richtig?» fragte der lernbegierige Besucher.

«Ich halte ihn für einen hervorragenden Manager», antwortete sie, «weil er mir geholfen hat, zu lernen, aus eigenem Antrieb zu handeln, also mein eigener Manager zu sein.»

«Was genau *sind* denn nun Ein-Minuten-Ziele, und inwiefern helfen sie Ihnen beim ‹Verkaufen aus eigenem Antrieb›?»

«Es sind Ziele, die ich häufig im Geiste ‹sehe› – innerhalb nur einer Minute. Sie werden später verstehen, warum das so wichtig ist.

Im einzelnen tue ich vier Dinge:

1. Ich entscheide mich für die wenigen, wesentlichen zwanzig Prozent – und die werden meine Ziele.

2. Ich schreibe meine Ziele auf eine besondere Art auf.

3. Ich überprüfe meine Ziele häufig.

4. Ich sehe mir meine Ziele oft an und betrachte kritisch mein eigenes Handeln, um zu sehen, ob es mich meinen Zielen näherbringt.»

Unser Mann zog sein Notizbuch hervor, um festzuhalten, was – wie er spürte – eine nützliche Information zu werden versprach. «Würden Sie mir bitte jeden dieser vier Schritte genauer erklären?»

«Ja, gern. Wie andere Ein-Minuten-Verkaufstalente so habe auch ich gelernt, daß etwa zwanzig Prozent dessen, was ich im Laufe des Tages tue, mir etwa achtzig Prozent meiner Resultate bringen.

Also ist das *erste*, was ich tue, daß ich diese wichtigen zwanzig Prozent herausfiltere. Und dann konzentriere ich mich nur darauf. Mit den restlichen achtzig Prozent – dem Unwichtigen – beschäftige ich mich gar nicht erst.

Ich arbeite weniger, so daß ich weniger erschöpft bin. Daher habe ich die Energie und die Konzentration, wichtige Dinge gut zu machen.»

«Können Sie mir ein praktisches Beispiel nennen, wie Sie diese Technik einsetzen?» fragte der Besucher.

«Ein gutes Beispiel für dieses Zwanzig-zu-achtzig-Gesetz ist die Analyse meiner Kunden. Wenn ich sie mir genau ansehe, stelle ich fest, daß etwa zwanzig Prozent meiner Kunden mir und meiner Firma ungefähr achtzig Prozent unseres Umsatzes bringen. Also konzentriere ich mich darauf, für diese zwanzig Prozent hervorragende Arbeit zu leisten.

Das tue ich so lange, bis die anderen achtzig Prozent potentieller Kunden, die hören, was für hervorragende Arbeit ich für die entscheidenden zwanzig Prozent leiste, mit mir Kontakt aufnehmen, um in gleicher Weise zu profitieren. Das bringt auch wirklich was, weil sie es sind, die zu mir kommen.»

«Was machen Sie aber nun mit den wichtigen zwanzig Prozent?» fragte der Besucher.

«Nachdem ich entschieden habe, wer diese zwanzig Prozent sind, schreibe ich nun als *Zweites* genau auf, was ich mir für mich wünsche. Ich schreibe diese wichtigen Ziele in zwei Spalten auf: was ich *tue* und wie ich mich dabei *fühle*. Ich schreibe in der Ich-Form in der Gegenwart – als ob es schon Wirklichkeit wäre. *Ich tue das und das ... und ich fühle mich dabei so und so ...*»

«Ist das alles?» fragte unser Mann.

«Fast. Damit ich leichter das Gefühl bekomme, daß meine Ziele schon verwirklicht worden sind, umschreibe ich sie mit Wörtern, die mich die Vorteile für mich möglichst stark empfinden lassen. Und das ist der Punkt, auf den es ankommt – mein Gefühl, daß meine Wunschvorstellung bereits Tatsache geworden ist.»

Der Verkäufer fragte die junge Frau: «Können Sie mir ein Beispiel dafür geben?»

«Sicher. Einer meiner Freunde hatte das Wunschziel, ein eigenes Boot zu besitzen. Aber er bezweifelte, ob er je die Zeit oder das Geld haben würde, um diesen Wunsch zu verwirklichen. Nachdem er von der Kraft von Ein-Minuten-Zielen gehört hatte, schrieb er sein Ziel auf ein Stück Papier, so daß er es geradezu als bereits realisiert spüren konnte.

Er schrieb es also auf einen Zettel und ‹sah› ungefähr folgendes:

Es ist August nächsten Jahres, und ich besitze ein zehn Meter langes, blau-weißes Segelboot mit einer Kajüte für sechs Personen. Ich habe eine schicke Skippermütze auf dem Kopf und elegante Segelschuhe an den Füßen. Ich angle. Die Sonne brennt mir aufs Gesicht. Ich bin glücklich, meine besten Freunde an Bord zu haben.»

Unser Mann lächelte. «Ich fühle mich schon so, als ob ich auf dem Boot wäre.»

«Das ist der Sinn der Sache», bestätigte die Frau, «sich so zu fühlen, als ob es bereits geschieht. Mein Freund ‹sah› sein Ziel im Geiste, indem er es sich oft und regelmäßig in Gedanken vorstellte, während er es immer und immer wieder auf dem Zettel las.

«Dann passierte etwas Komisches: Ohne besondere Anstrengung bekam er in jenem Jahr sein Boot. Es geschah nicht ganz genau zu dem Zeitpunkt und auf die Art und Weise, wie er es sich vorgestellt hatte – das ist selten der Fall –, aber es geschah! Tatsächlich geschah es früher und leichter, als er gehofft hatte.

Ich und auch andere, die sich Ein-Minuten-Ziele setzen, haben das gleiche festgestellt», fügte Frau Stafford hinzu. «Wir erreichen jetzt mehr von unseren Zielen – und zwar häufiger und mit weniger Stress.

Die Kraft der Ein-Minuten-Ziele, die ich offen gesagt nicht ganz verstehe, aber mit Sicherheit oft erlebt habe, scheint von der folgenden offenbar universellen Wahrheit herzukommen:

Wir werden, was wir denken.

Der Besucher sagte: «Das erinnert mich an die Geschichte von dem Basketballtrainer, der seine Mannschaft in zwei Gruppen teilte, um zu sehen, welche ihre Freiwürfe eher perfektionieren könne. Die eine Gruppe übte jeden Tag Freiwurf, während die andere Gruppe – mit gleichem Zeitaufwand – nur im Geiste übte. Die Spieler dieser Gruppe ‹sahen›, wie ihre Bälle immer hundertprozentig im Korb landeten; sie ‹sahen› sich als Sieger. Als dann die beiden Gruppen gegeneinander antraten, schafften diejenigen, die sich nur geistig auf das Werfen konzentriert hatten, tatsächlich mehr Punkte als ihre Teamkameraden. Wir werden halt das, was wir denken!»

«Ein prima Beispiel», sagte die Frau.

Der Mann überlegte einen Augenblick, dann sagte er: «Das entspricht ja der Ein-Minuten-Probe, die wir vor dem Verkauf durchgehen. Wir helfen dem Kunden, das zu bekommen, was er haben will, indem wir uns ihn vorher im Geiste als jemanden vorgestellt haben, der bereits zufrieden ist, weil er das bekommen hat, was er haben wollte.

Ein-Minuten-Ziele», sagte der Mann begeistert, «beruhen auf den gleichen psychologischen Prinzipien. Sie helfen uns, das zu bekommen, was *wir* haben wollen.»

«Sie lernen schnell», sagte Frau Stafford. «Sie haben vorweggenommen, was ich Ihnen gerade sagen wollte – daß das Verkaufen an andere und das Verkaufen sich selbst gegenüber einander sehr ähnlich sind. Sie haben ja selber gerade bewiesen, was der große Chef immer sagt: ‹Wir alle haben sämtliche Lösungen schon in uns, wir müssen nur auf uns selber hören.›»

Unser Mann begriff die Pointe nicht. Er fragte: «Wie setzen Sie Ein-Minuten-Ziele im einzelnen beim Verkaufen ein?»

«Ich benutze sie auf zwei Weisen: allgemein und speziell. Schon vor längerer Zeit habe ich mir auf einer handlichen Karte sehr detailliert die allgemeinen Prinzipien aufgeschrieben, die ich mir vor, während und nach jedem Kundenbesuch vergegenwärtigen will. Auf dieser *allgemeinen Karte* stehen die drei Etappen der Vorbereitung vor dem Verkauf, die entscheidenden Dinge, die ich während des Verkaufs tue, und die weiteren Schritte, die ich nach dem Verkauf unternehme.»

«Und wie setzen Sie sie auf spezielle Weise ein?»

«Dazu mache ich mir meine *speziellen Karten*. Ich schreibe mir rasch auf einer kleinen Karte meine Verkaufsziele für jeden einzelnen Kunden auf, mit dem ich verhandeln will. Das kostet mich nur wenige Minuten Zeit, hilft mir aber sehr, mich darauf zu konzentrieren.

Meine Verkaufsziele variieren, aber die Anwendung dieser schnellen und wirkungsvollen Technik ist so ziemlich immer dieselbe.»

«Und was machen Sie dann?» wollte der Besucher wissen.

«Nachdem ich entschieden habe, was für mich wichtig ist, und meine Ziele so beschrieben habe, daß ich das Gefühl bekomme, sie seien schon Wirklichkeit geworden, ist das *Dritte*, was ich tue, daß ich immer und immer wieder meine entscheidenden Ziele lese – auch wenn ich meine, daß ich sie schon auswendig kenne.

Das kommt Ihnen vielleicht sehr mechanisch vor», sagte Frau Stafford, «seinen Zielekatalog andauernd wieder durchzulesen. Aber wenn man etwas ändern will – und sei es eine Glaubensvorstellung –, dann kann man das in der Tat ganz leicht.»

«Und wie?» fragte der Mann.

«Was meinen Sie denn selber, wie Sie das bewerkstelligen könnten?» Die erfolgreiche junge Frau hatte offensichtlich einiges von ihrem Chef gelernt.

«Ich könnte meine Ziele auf ein Kärtchen schreiben und dieses Kärtchen in meiner Brieftasche immer bei mir haben. Und immer wenn ich zwischendurch Zeit hätte, könnte ich meine Ziele durchlesen und noch einmal lesen – damit ich sie mir als bereits realisiert vorstellen kann.»

Er fügte hinzu: «Vielleicht könnte ich mir so ein Kärtchen neben den Badezimmerspiegel pinnen oder auf den Nachttisch legen, so daß ich es beim Aufwachen und vor dem Einschlafen lesen kann.»

Frau Stafford sagte: «Machen Sie es so, wie Sie es für richtig halten. Dann funktioniert es auch. Wie der große Chef uns immer sagt: ‹Machst du es auf deine eigene Weise, dann klappt's wahrscheinlich. Machst du es wem anders nach, dann klappt's wahrscheinlich nicht.›

Sie haben ja schon entdeckt, daß Sie sämtliche Lösungen in sich haben. Und ich bin heilfroh, daß mein Chef mir geholfen hat, das für mich selbst zu entdecken, denn jetzt ist mir klar, daß das für uns alle gilt. Sie haben es gerade selbst bewiesen.

Mir wird klar: Je besser ich weiß, *was* ich will, desto leichter komme ich dahinter, *wie* ich es machen muß.»

Der Besucher freute sich. Vielleicht würde es ihm jetzt gelingen, seine Art zu verkaufen enorm zu verbessern. Vielleicht könnte er mit Hilfe von Ein-Minuten-Zielen lernen, wie man schon bald mehr Umsatz mit weniger Stress macht.

«Können Sie mir ein weiteres Beispiel geben, vielleicht eins, das mit Verkaufen zu tun hat?»

«Gerne. Sagen wir mal, Sie möchten die Zahl Ihrer Abschlüsse steigern. Dieses Ziel könnten Sie zum Beispiel so for-
mulieren: *Diesen Monat steigere ich die Zahl meiner Abschlüsse um drei Prozent, und ich freue mich über die Anerkennung, die das mit sich bringt – dazu gehört natürlich eine
Einkommensverbesserung und mehr innere Ruhe.*»

Unser Mann warf ein: «Drei Prozent ist ja nicht gerade viel.
Würde denn das schon als ein lohnendes Ziel ausreichen?»

«Im Monat!» sagte die junge Frau. «Rechnen Sie das mal
nach!»

Das tat der Mann und stellte fest: «Wenn ich jeden Monat
meine Abschlüsse um drei Prozent steigere, dann läuft das auf
eine Steigerung um über fünfunddreißig Prozent im Jahr hinaus, stimmt das?»

«Ziemlich genau», sagte die junge Frau.

«Was ist mit dem *vierten* Schritt, den Sie tun?» fragte der
Mann. «Sie sagten, Sie vergleichen Ihr Handeln mit Ihren Zielen. Wie machen Sie das?»

«Ganz einfach: Ich benutze einen besonderen Kalender.»
Die flotte Verkaufsexpertin beugte sich über den Schreibtisch
und gab ihn dem Mann.

«In der Spalte links auf der Seite sind meine geschäftlichen
und persönlichen Ziele aufgelistet, und darüber steht – wie Sie
sehen – *20 Prozent bringen 80 Prozent.*

Und sehen Sie mal, was jeden Monat genau in der Mitte des
Kalenders steht: *Ich sehe mir meine Ziele an. Ich betrachte
mein Handeln (z. B.: meinen Terminkalender). Ich prüfe, ob
mein Handeln mit meinen Zielen übereinstimmt.*»

Unser Mann war begeistert. «Das ist ja glänzend! Ich glaube,
so ein Kalender kann eine ungeheure Hilfe sein.»

«Allerdings», sagte die Dame mit Nachdruck, «aber natürlich nur, wenn man ihn auch benutzt.»

Der Mann lächelte und sagte: «Das trifft wohl auf alles zu, nicht wahr? Wir wissen meist eine ganze Menge, aber wir setzen nicht immer ein, was wir wissen.»

Die erfolgreiche Frau antwortete: «Das ist das Schöne an dem System des Ein-Minuten-Verkaufens – es erinnert mich an Dinge, von denen ich weiß, daß sie wirklich klappen – und zwar bei anderen Menschen und bei mir selbst.

Und die sind so einfach, daß ich sie auch tatsächlich benutzen kann.

Ich hätte nie gedacht, daß ich gut verkaufen könnte», fügte Frau Stafford hinzu. «Aber seit ich gelernt habe, etwas so Einfaches zu tun, wie mir täglich diese wirkungsvollen Ein-Minuten-Ziele zu setzen, wird mir klar, daß ich beinahe alles erreichen kann.»

Unser Mann sagte: «Ich danke Ihnen und den anderen Ein-Minuten-Verkaufstalenten, ich glaube bald selber, daß ich das auch kann.»

Bevor er wegging, um noch am selben Nachmittag Leon Williams zu besuchen, schrieb sich der Besucher auf, was er gelernt hatte – und zwar so, als ob er schon danach handeln würde.

Meine Verkaufsziele: Zusammenfassung

Ein-Minuten-Ziele bringen mich voran, wenn ich

1. mich nur auf das konzentriere, was wichtig ist – auf die 20 % meiner Aktivitäten (meine entscheidenden Ziele), die mir 80 % meiner Resultate bringen;

2. mir auf höchstens einer Schreibmaschinenseite meine wesentlichen Verkaufsziele notiere – *insbesondere*, was ich haben will und wie schön es ist, wenn ich es habe. Ich schreibe in der Ich-Form in der Gegenwart, so daß ich das Gefühl bekomme, meine Ziele seien bereits verwirklicht: *Ich tue das und das ... daher fühle ich mich so und so ...*

3. mir regelmäßig eine Minute Zeit nehme, um mir meine Ziele immer wieder durchzulesen – weil ich ja weiß, daß ständige Wiederholung auf jeden Fall eine Änderung herbeiführt;

4. mir ab und zu eine Minute Zeit nehme, um erst meine Ziele und dann mein Handeln (z. B. meine Terminplanung) zu überprüfen, damit ich sehe, ob mein Handeln mit meinen Zielen übereinstimmt.

Dabei merke ich, je öfter ich das tue, desto eher schaffe ich es – aus eigenem Antrieb –, meine Verkaufsziele zu erreichen und das zu bekommen, was ich haben will: Zufriedenheit mit meiner Tätigkeit und mit mir selbst.

Meine Ein-Minuten-Ziele sind die erste von drei Etappen in der Strategie des Verkaufens sich selbst gegenüber.

Kurze Zusammenfassung

DIE STRATEGIE DES «EIN-MINUTEN-VERKAUFSTALENTS»

Der schnellste Weg zu mehr Umsatz mit weniger Stress

ICH BEGINNE

mit dem

SINN MEINES HANDELNS

Ich helfe den Menschen, möglichst schnell sich wohl zu fühlen

DAS VERKAUFEN SICH SELBST GEGENÜBER

Meine Ein-Minuten-Ziele

* Ich schreibe meine Ziele auf höchstens einer Seite nieder – und zwar so, als ob sie bereits verwirklicht wären.
* Ich lese sie wiederholt in jeweils nur einer Minute.
* Jedesmal, wenn ich meine Ziele lese, sehe ich sie als bereits erreicht vor mir.

Erreichte Ziele
(auch teilweise erreichte)

ICH HABE ERFOLG

.
.
.
.
.

Nicht erreichte Ziele
(überprüfte Ziele)

ICH HABE MISSERFOLG

.
.
.
.
.

«SO IST ES DOCH», sagte Leon Williams, kurz nachdem unser Mann zu ihm gekommen war. «Viele Verkaufsleiter sind an Verkäufern interessiert, die Zielstrebigkeit und Ausdauer in ihrer Arbeit zeigen. Aber nur die besten wissen, woher diese Eigenschaften kommen.»

«Und woher kommen sie?» wollte der Besucher wissen.

«Aus dem Verkäufer selbst», sagte Williams, der Erfolgreiche. «Und darum muß man an sich arbeiten. Selbstmanagement – wir nennen es auch ‹Verkaufen aus eigenem Antrieb› – hilft einem nicht nur, seine Zeit richtig zu nutzen (obwohl auch das wichtig ist), sondern es fördert das Beste in uns zutage, und zwar ganz allein durch uns selbst. Und das Erstaunliche daran ist, daß das viel leichter geht, als die meisten Leute glauben – und daß es nur eine Minute Zeit kostet.»

«Wie machen Sie das?» fragte der Besucher.

«Ich sage es Ihnen zunächst ganz allgemein, damit Sie einen Überblick bekommen. Das Selbstmanagement-System beruht auf folgendem: *Ziele initiieren Verhalten. Konsequenzen unterstützen Verhalten.*»

«Über Ein-Minuten-Ziele weiß ich schon Bescheid», sagte der Besucher.

Williams entgegnete: «So wichtig Ziele auch sind, ich kann Ihnen etwas mitteilen, was noch wirksamer ist.»

Der Besucher zog sein Notizbuch hervor.

«Selbstmanagement beim Verkauf, also Verkaufen aus eigenem Antrieb, beruht auf der naheliegenden Tatsache, daß Leute, die sich selber gut finden, auch gute Verkaufsergebnisse erzielen.»

«Das kenne ich aus eigener Erfahrung», sagte der Besucher. «Je besser mein Selbstwertgefühl ist, desto besser arbeite ich.»

«Das gilt für Sie wie für uns alle auf dieser Welt», sagte Williams. «Aber das *zweite* Geheimnis des Selbstmanagements ...» fing er an ...

Doch in diesem Augenblick bemerkte unser Mann das Schild auf Leon Williams' Schreibtisch, worauf zu lesen war:

Ich erreiche meine
Verkaufsziele,
wenn ich mich
dabei erwische,
wie ich etwas <u>richtig</u> mache!

Der Besucher mußte lachen, doch dann dachte er nach und sagte: «Ich fürchte, ich vertue zuviel Zeit damit, daß ich mich dabei erwische, wenn ich etwas falsch mache – indem ich zum Beispiel daran denke, was ich während des Verkaufsgesprächs hätte sagen können, aber nicht gesagt habe oder wie ich mehr Neukunden besuchen könnte oder ...»

Williams unterbrach ihn: «Sie sind also auch nicht anders als wir alle, finde ich.» Beide Männer lächelten.

Der Besucher fragte: «Aber wie erwischen Sie sich dabei, daß Sie etwas richtig machen?»

Der Topverkäufer sagte: «Das ist das zweite Geheimnis des Selbstmanagements beim Verkauf: Ich spreche mir selbst von Zeit zu Zeit ein ‹Ein-Minuten-Lob› aus.»

«Ein was?» fragte der Mann.

«Es ist ganz einfach», begann Williams.

Das hatte der Besucher nun schon oft gehört. «Ganz sicher ist es das», sagte er lächelnd. «Aber können Sie mir sagen, *wie* Sie das machen?»

«Selbstverständlich», entgegnete der erfolgsgewohnte Verkäufer. «Nur müssen Sie sich darüber im klaren sein, daß es ...»

«Ich weiß», unterbrach ihn der Besucher. «Ich muß mir darüber im klaren sein, daß es *Ihre* Methode ist und daß *meine* vielleicht ein bißchen davon abweicht. Jeder muß selber lernen, was sein individueller Stil beim Verkaufen ist – was genau für ihn das Richtige ist.»

Williams lachte und sagte: «Ganz offensichtlich haben Sie schon mit mehreren Ein-Minuten-Verkäufern gesprochen. Um so besser. Ja, was Sie sagen, ist völlig richtig. Wenden Sie die Grundsätze so an, wie Sie es für sich passend finden.»

«Das werde ich tun», sagte der Mann. «Könnten Sie mir das Prinzip des Ein-Minuten-Lobs erläutern?»

«Das Entscheidende ist», begann Williams, «daß ich mich während des Tages häufig selbst beobachte und darüber nachdenke, wodurch im einzelnen ich mehr Umsatz erziele – mit weniger Stress.

Wenn mir dabei etwas auffällt, was ich in diesem Sinne richtig mache – wie zum Beispiel einen Neukunden besuchen oder einen Nachfaßbrief schreiben –, dann ‹erwische› ich mich gewissermaßen bei einer guten Tat. Und dann nehme ich mir eine Minute Zeit, um mich dafür zu loben. Etwa eine halbe Minute widme ich meinem *Tun*, die andere halbe Minute lobe ich mich *selbst*.

Sobald ich merke, daß ich etwas getan habe, was mir gefällt, sage ich mir, was genau ich richtig gemacht habe. Dann sage ich mir, wie zufrieden ich mit dem bin, was ich getan habe – auch wenn es etwas ist, was jemand anderem unbedeutend vorkäme – denn was mir gefällt, das gefällt mir eben!

Danach halte ich inne für ein paar Sekunden des Schweigens – was mir immer wie eine sehr lange Zeit vorkommt –, um zu spüren, wie gut ich mich *fühle*, weil ich das gemacht habe. Und auf dieses Gefühl kommt es an! Man will nicht nur gut über das denken, was man getan hat, man will sich dabei auch gut fühlen. Darin steckt nämlich die Kraft – im Fühlen!

Nachdem ich nun etwa eine halbe Minute meinem *guten Tun* und Handeln gewidmet habe, komme ich zu dem *Guten an mir selbst* – zu dem, was ich für das Beste an meiner Persönlichkeit halte.

Ich führe mir vor Augen, daß ich ein positiver Mensch bin und daß ich mich trotz einiger Fehler, die ja jeder Mensch hat, im Grunde so mag, wie ich bin.»

Da lachte Williams und sagte: «Ich bin wirklich froh, daß mir der große Chef das Ein-Minuten-Lob beigebracht hat. Dadurch fühle ich mich nicht nur besser, sondern ich verdiene auch erheblich mehr Geld!»

Jetzt lachte auch der Besucher. Dann notierte er sich für seinen eigenen Gebrauch eine Zusammenfassung des Ein-Minuten-Lobs:

Mein Lob: Zusammenfassung

Das Ein-Minuten-Lob tut mir gut, weil ich mir ab und zu eine Minute Zeit nehme für mich selbst und mir etwas Anerkennung für meinen Verkaufserfolg gönne.

die erste Hälfte meines Lobs

1. Ich erwische mich dabei, daß ich etwas *richtig* mache.

2. Ich warte nicht ab, bis ich etwas vollständig richtig gemacht habe – etwa einen Abschluß getätigt habe. Ich freue mich auch schon, wenn ich etwas *annähernd richtig* mache.

3. Ich sage mir *ganz genau*, was ich *getan* habe.

4. Ich sage mir, wie gut ich mich deswegen *fühle*.

5. Ich pausiere ein paar Sekunden, lächle und genieße dabei, wie gut ich mich *fühle*.

die zweite Hälfte meines Lobs

6. Ich führe mir vor Augen, daß ich ein wertvoller Mensch bin und daß ich mich selber *mag*. Ich lasse mich das auch fühlen.

7. Ich nehme mir vor, dies öfter zu tun. Denn ich weiß: wenn ich mich wohler fühle, erziele ich auch bessere Verkaufsergebnisse.

Mein Ein-Minuten-Lob ist die zweite Etappe in der allgemeinen Strategie des Verkaufens mir selbst gegenüber.

DIE STRATEGIE DES «EIN-MINUTEN-VERKAUFSTALENTS»

Der schnellste Weg zu mehr Umsatz mit weniger Stress

ICH BEGINNE

mit dem

SINN MEINES HANDELNS

Ich helfe den Menschen, möglichst schnell sich wohl zu fühlen

DAS VERKAUFEN SICH SELBST GEGENÜBER

Meine Ein-Minuten-Ziele

- Ich schreibe meine Ziele auf höchstens einer Seite nieder – und zwar so, als ob sie bereits verwirklicht wären.
- Ich lese sie wiederholt in jeweils nur einer Minute.
- Jedesmal, wenn ich meine Ziele lese, sehe ich sie als bereits erreicht vor mir.

Ziele (annähernd) erreicht

ICH HABE ERFOLG

Mein Ein-Minuten-Lob

- Ich gönne mir häufig eine Minute zur «Anerkennung meines Verkaufserfolges».
- Ich erwische mich dabei, daß ich etwas richtig (oder fast richtig) mache.
- Ich freue mich, wenn ich mir sage, was ich getan habe und wie gut ich mich deswegen fühle.
- Ich nehme mir Zeit, um nachzufühlen, wie gut ich mich fühle, weil ich eine Sache gut gemacht habe.
- Ich ermutige mich, dies immer wieder zu tun.

*Ziele nicht erreicht
(ich muß meine Ziele überprüfen)*

ICH HABE MISSERFOLG

-
-
-
-
-

«SO WENIG ZEIT», dachte der Mann. «Es kostet nur so wenig Zeit, etwas so Wichtiges zu tun, wie sich selbst dabei zu erwischen, daß man etwas richtig macht!

Ich habe ja auch nur wenig Zeit bei Leon Williams verbracht und trotzdem etwas gelernt, was mir mein ganzes Leben lang helfen kann.» Da hatte er also schon angefangen, sich dabei zu erwischen, daß er etwas Richtiges tat. Er fühlte eine Welle des Selbstvertrauens und der Energie, und er genoß dieses Gefühl.

Er war doch immer noch skeptisch gegenüber dem Ein-Minuten-Verkaufen, wie gegenüber allem, was nur eine Minute dauert – eben weil es nur eine Minute dauert. Aber je öfter er sich eine Minute Zeit nahm, um das *anzuwenden*, was er gelernt hatte, desto besser fand er es.

Allerdings fragte er sich: «Was nützt einem ein Ein-Minuten-Verkaufstalent, wenn man mit seinem Verhalten bei Verkaufsgesprächen nicht zufrieden ist?»

Als er das siebte supererfolgreiche Verkaufstalent kennenlernte, bekam er eine Antwort darauf.

Cheryl Bartel sagte: «Dazu müssen Sie sich mit dem dritten Geheimnis des ‹Verkaufens aus eigenem Antrieb› vertraut machen, mit der sogenannten *Ein-Minuten-Kritik.*»

Der Besucher lächelte und sagte: «Das hätte ich mir denken können. Lassen Sie mich versuchen, ob ich selbst dahinterkomme.»

Cheryl Bartel spürte das Selbstvertrauen ihres Besuchers und wußte, daß ein Teil davon auf das zurückzuführen war, was er in den letzten Tagen gelernt hatte. Sie hatte das gleiche erlebt, kurz nachdem sie ein Verkaufssystem gelernt hatte, an das sie glauben und das sie leicht anwenden konnte.

«Unter Ein-Minuten-Kritik könnte ich mir folgendes vorstellen», sagte unser Mann. «Wenn man etwas schlecht gemacht hat, nimmt man sich eine Minute Zeit, um bewußt Selbstkritik zu üben. Stimmt das?»

«Nein, das stimmt nicht», sagte sie und gab ihm ein kleines Schild.

Immer wenn ich merke,
daß mein Verkaufsverhalten
für mich selbst ungünstig ist,
nehme ich mir eine Minute Zeit,
um mein Verhalten kritisch
zu untersuchen –
und mich selbst zu loben.

«Achten Sie mal auf den Unterschied», sagte sie. «Da ist ein Unterschied zwischen dem, was Sie gesagt haben, und dem, was ich Ihnen auf dem Schild gezeigt habe.»

Während der Mann nachdachte, erinnerte sich die erfolgreiche Frau, wie sie zum erstenmal etwas vom Ein-Minuten-Verkaufen gehört hatte. Damals war sie in genau dieselbe Falle getappt wie jetzt gerade ihr Besucher.

«Wie ähnlich wir doch alle sind», dachte sie.

Um ihrem Besucher weiterzuhelfen, fragte sie: «Wissen Sie noch, was der große Chef darüber sagt, was die Leute tatsächlich kaufen? Daß sie nicht unser Produkt, unsere Dienstleistung oder unsere Idee kaufen, sondern die Vorstellung davon, wie *gut* sie sich *fühlen* werden, wenn sie das nutzen, was wir ihnen anbieten?»

«Ja», sagte er. «Vor allem erinnere ich mich daran, daß sie sich das Gefühl kaufen, das sie sich gewünscht haben.»

«Richtig! Gefühl ist der Schlüssel zu allem, was wir uns wünschen. Dazu gehört auch das Gefühl der Zufriedenheit mit uns selbst. Wenn Sie also sich selbst eine Ein-Minuten-Kritik erteilen, müssen Sie zwei Dinge berücksichtigen, um wirklich Ihr Verhalten verbessern zu können:

Sie wollen Ihr Verhalten schlecht und sich selbst gut finden.

Als Sie vorhin darüber sprachen, daß Sie Selbstkritik für schlechtes Verhalten üben wollen, sind Sie in zwei Fallen geraten.

Sie kritisieren nie sich *selbst*. Sie kritisieren nur Ihr Verhalten.

Und noch ein wesentlicher Unterschied: Ihr Verhalten ist nicht ‹schlecht›, das ist zu abwertend und zu hart Ihnen selbst gegenüber. ‹Schlecht› in wessen Augen?

Möchten Sie, daß jemand anders über Sie bestimmt?» fragte sie. «Oder möchten Sie selber über sich bestimmen?»

«Ich möchte lieber selbst über mich bestimmen», sagte der Besucher. «Das ist einer der Gründe, warum ich im Verkauf arbeite. Ich liebe meine Unabhängigkeit.»

«Ich auch», sagte sie. «Zu unserer Freiheit gehört sinngemäß unsere Verantwortung – die Verantwortung gegenüber uns selbst und gegenüber denen, die von uns abhängig sind, wozu auch unsere Firma und unsere Kunden gehören.»

Frau Bartel fuhr fort: «Wenn Sie die Verantwortung für sich selbst übernehmen wollen, wenn Sie sozusagen sich selbst als Ihr eigener Chef managen wollen, dann müssen Sie zunächst davon ausgehen, daß Ihr Verhalten nicht schlecht ist. Es ist einfach ‹ungünstig› für Sie, weil *Sie* das Gefühl haben, daß es dem, was Sie wollen, zuwiderläuft – nämlich mehr Umsatz mit weniger Stress zu machen.»

Dann fragte sie: «Was müßten Sie wohl als erstes machen, wenn Sie etwas Ungünstiges tun?»

Unser Mann dachte eine Weile nach, bis ihm aufging, was ihm dann ganz selbstverständlich schien: «Das erste ist, daß mir mein ungünstiges Verhalten bewußt wird. Ich muß es erkennen.»

«Hervorragend», sagte sie. «Und dann?»

Die renommierte Verkaufsspezialistin stellte dem Mann eine Reihe von Fragen, und so fand er schließlich seine eigenen, nämlich die für ihn richtigen Antworten.

Da sagte er: «Jetzt verstehe ich schon mehr vom ‹Verkaufen aus eigenem Antrieb›, und mir wird klar, daß das Verkaufen gegenüber uns selbst sehr ähnlich ist dem Verkaufen unserer Produkte, Dienstleistungen und Ideen an andere.»

«Völlig richtig», sagte Frau Bartel und nickte anerkennend.

Unser Mann notierte sich, was er gehört und was er durch eigenes Nachdenken erkannt hatte, während er Cheryl Bartel zuhörte. Und auch diesmal schrieb er bereits so, als würde er die Ein-Minuten-Kritik schon auf sich selbst anwenden und die positiven Folgen verspüren.

01 Meine Kritik: Zusammenfassung

Die Ein-Minuten-Kritik ist für mich konstruktiv oder nützlich, wenn ich mir des «Sinns» meines Handelns bewußt bin und – falls ich dem Sinn zuwiderhandele – mein Verhalten kritisiere und mich selbst lobe.

Die erste Hälfte der Kritik

1. Ich weiß: Ich muß mich so verhalten, daß ich mehr Umsatz mit weniger Stress machen kann.
2. So*bald* ich merke, daß mein Verhalten beim Verkaufen für den Verkauf ungünstig ist, kritisiere ich dieses Verhalten an mir.
3. Ich sage mir, was ich *falsch* gemacht habe. Dabei bin ich möglichst *konkret*.
4. Ich sage mir, welches *Gefühl* ich jetzt habe angesichts meines Fehlverhaltens.
5. Ich lasse das *Gefühl*, das mein Fehlverhalten in mir auslöst, einige Augenblicke schweigend auf mich wirken.

Die zweite Hälfte der Kritik

6. Ich weiß aber, daß ich nicht identisch bin mit meinem Verhalten beim Verkauf.
7. Ich sage mir: Auch wenn ich mein Verhalten nicht gut finde, finde ich *mich selbst* doch gut.
8. Ich denke daran, daß ich mein Verhalten ändern will, wenn ich mein Verhalten nicht gut und mich selbst gut finde.
9. Mir ist klar, wenn meine Kritik zu Ende ist, dann ist auch wirklich Schluß damit.
10. Ich lache über meinen Fehler und freue mich wieder über meine Arbeit und über mich selbst!

Meine Ein-Minuten-Kritik ist die dritte Etappe in der allgemeinen Strategie des Verkaufens mir selbst gegenüber.

Kurze Zusammenfassung
DIE STRATEGIE DES
«EIN-MINUTEN-VERKAUFSTALENTS»
Der schnellste Weg zu mehr Umsatz mit weniger Stress

ICH BEGINNE

mit dem
SINN MEINES HANDELNS
Ich helfe den Menschen, möglichst schnell sich wohl zu fühlen

DAS VERKAUFEN SICH SELBST GEGENÜBER

Meine Ein-Minuten-Ziele

* Ich schreibe meine Ziele auf höchstens einer Seite nieder – und zwar so, als ob sie bereits verwirklicht wären.
* Ich lese sie wiederholt in jeweils nur einer Minute.
* Jedesmal, wenn ich meine Ziele lese, sehe ich sie als bereits erreicht vor mir.

Ziele (annähernd) erreicht

ICH HABE ERFOLG

Mein Ein-Minuten-Lob

* Ich gönne mir häufig eine Minute zur «Anerkennung meines Verkaufserfolges».
* Ich erwische mich dabei, daß ich etwas richtig (oder fast richtig) mache.
* Ich freue mich, wenn ich mir sage, was ich getan habe und wie gut ich mich deswegen fühle.
* Ich nehme mir Zeit, um nachzufühlen, wie gut ich mich fühle, weil ich eine Sache gut gemacht habe.
* Ich ermutige mich, dies immer wieder zu tun.

Ziele nicht erreicht
(ich muß meine Ziele überprüfen)

ICH HABE MISSERFOLG

Meine Ein-Minuten-Kritik

* Ich kritisiere mein Verhalten, wenn es für mich ungünstig ist.
* Ich sage mir konkret, was ich falsch gemacht habe.
* Ich lasse mich nachfühlen, welche Gefühle das in mir auslöst, was ich getan (oder nicht getan) habe.
* Ich denke daran, daß ich ein Verhalten habe, aber nicht mein Verhalten bin.
* Ich bin ein wertvoller Mensch, und deshalb habe ich Anspruch auf das beste Verhalten von mir.
* Ich beende meine Verhaltenskritik und wende mich wieder meiner eigentlichen Aufgabe zu.

DER GROSSE CHEF begrüßte unseren Mann mit einem freundlichen Lächeln und herzhaftem Händedruck. «Nun, was haben Sie gelernt?»

«Ich bin davon überzeugt, daß die Methode bei Ihnen und den anderen funktioniert», antwortete der Mann. «Trotzdem bin ich mir noch nicht sicher. Vielleicht könnte ich sie selbst erfolgreich anwenden, wenn mir klarer wäre, *warum* sie funktioniert.»

«Das gilt für jeden von uns», sagte der große Chef. «Je besser wir verstehen, warum wir etwas tun, desto eher sind wir befähigt, es auch tatsächlich zu tun.

Das Ein-Minuten-Verkaufen funktioniert ganz einfach deswegen, weil es der leichteste und schnellste Weg ist, beiden – sowohl dem Käufer als auch dem Verkäufer – zu helfen, daß sie sich so fühlen, wie sie sich *fühlen wollen.*

Die Käufer wollen mit dem, was sie gekauft haben, und damit, daß sie gekauft haben, zufrieden sein.

Genauso wollen Verkäufer damit zufrieden sein, was sie tun, um ihr Geld zu verdienen, und auch mit sich selbst.

Der Schlüssel zum Erfolg beim Verkaufen ist das Überzeugtsein von der Philosophie des Sinn-voll-Verkaufens. Mit Überzeugtsein meine ich, daß man stark genug sein muß, um täglich danach zu handeln.

Ich denke da an die Worte von Thomas Watson, dem Gründer und Aufsichtsratvorsitzenden von IBM, der gesagt hat, um zu überleben und sich weiterzuentwickeln, müssen alle Gruppierungen und Individuen einen soliden Vorrat an Überzeugungen, ja an Glaubenssätzen haben, aus denen sich alle Ziele und Handlungen ableiten. Um den Herausforderungen einer sich rasch verändernden Welt zu begegnen, müssen wir bereit sein, alles zu verändern außer diesen Grundüberzeugungen.

Er fügte noch hinzu, daß die wichtigste Ursache für seinen Erfolg sein ‹Respekt vor dem einzelnen Menschen› sei.

Ein-Minuten-Verkäufer haben beides: den festen Glauben an den Sinn ihres Handelns – Menschen dabei zu helfen, das, was sie gekauft haben, und sich selbst, weil sie es gekauft haben, gut zu finden –, und sie haben Achtung vor dem einzelnen Menschen.

Grundlage für diesen Respekt vor dem einzelnen – sowohl vor dem einzelnen Verkäufer als auch vor dem einzelnen Käufer – ist *Aufrichtigkeit* und *Ehrlichkeit.*»

Der erfahrene Verkäufer fragte nach dem Unterschied zwischen beiden: Aufrichtigkeit heißt, sich selbst die Wahrheit zu sagen, und Ehrlichkeit heißt, anderen Leuten gegenüber die Wahrheit zu sagen.

«Ein Ein-Minuten-Verkaufstalent handelt sowohl aufrichtig als auch ehrlich, denn das ist der schnellste Weg, hohe Ergebnisse zu erzielen.»

«Dabei fällt mir etwas ein», sagte der erfahrene Verkäufer. «Ich habe mal gelesen, wie die Flugzeugwerft Douglas Aircraft ihre erste Flotte von Jets an die Eastern-Airlines-Fluggesellschaft verkauft hat.

Als Donald Douglas seine Firma, die später die McDonnell Douglas wurde, gegründet hatte, wollte er Eastern Airlines dazu bewegen, ihre erste Jet-Flotte bei ihm zu kaufen.

Doch mußte der Ingenieur Douglas – wie andere Leute auch – ein Verkaufstalent sein, um das zu schaffen.

Er rief Eddie Rickenbacker an, den damaligen Chef von Eastern Airlines. Rickenbacker sagte Douglas, seine neue DC-8 könne mit der Boeing 707 durchaus konkurrieren – mit einer sehr wichtigen Einschränkung: dem Geräuschpegel. Wie bei Boeing, so waren auch bei Douglas die Düsentriebwerke zu laut.

Douglas bekam dann die Chance, seinen Konkurrenten durch entsprechende Zusagen auszubooten und dann vielleicht den Auftrag zu bekommen. Das war damals ein für Douglas sehr wichtiges Geschäft.»

«Und was machte Douglas?» fragte der große Chef.

«Nachdem er sich mit seinen Ingenieuren beraten hatte, rief Douglas zurück und sagte: ‹Offen gestanden: ich glaube nicht, daß ich so eine Zusage einhalten kann.›

‹Das glaube ich auch nicht›, sagte Rickenbacker. ‹Aber ich wollte unbedingt wissen, ob Sie mir gegenüber ehrlich sind.›

Douglas hatte sein Unternehmen tatsächlich auf dem Ruf der Ehrlichkeit aufgebaut. Und dann hörte Douglas das, worauf er gehofft hatte: ‹Sie bekommen den Vertrag über 165 Millionen Dollar. Und nun sehen Sie mal zu, ob Sie die Triebwerke nicht etwas leiser kriegen können!›»

«Das ist ein sehr anschauliches Beispiel», bemerkte der große Chef. «Das zeigt wieder einmal, wie man nur durch Ehrlichkeit dem Kunden wirklich hilft zu kaufen.

Und was glauben Sie, wie Donald Douglas sich selbst gefühlt hat nach diesem Gespräch?»

«Sein Selbstwertgefühl dürfte ziemlich hoch gewesen sein», entgegnete unser Mann.

«Natürlich, und es ist ja das hohe Selbstwertgefühl, das zu hoher Leistung beim Verkaufen antreibt. Es ist der Glaube des Verkäufers an sich selbst, der letztlich das Produkt verkauft.»

«Und wenn ich ein hohes Selbstwertgefühl habe», sagte der Besucher, «schützt mich das vor dem unvermeidlichen Tief, das auf eine Ablehnung folgt. Ich weiß, daß der Kunde zur Zeit das ablehnt, was ich verkaufen will. Aber er lehnt nicht mich ab.

Und daher gehe ich mit Energie und Selbstvertrauen an meinen nächsten Kundenbesuch heran. Und dieser nächste Kunde spürt das und ist daher eher geneigt, mit mir ins Geschäft zu kommen.»

«Und das funktioniert», ergänzte der große Chef, «bei Produkten in der Größenordnung eines Flugzeugs genauso wie bei kleinen Kosmetikartikeln, bei Dienstleistungen genauso wie bei Ideen.

Ein anderes Beispiel ist die größte Kosmetikvertriebsfirma der Welt, Avon, welche die unglaubliche Zahl von 1 400 000 Vertreterinnen von Haustür zu Haustür schickt.

Eine der besten Verkäuferinnen von Avon-Artikeln ist eine Frau in Minnesota. Die sagt, ihre ergiebigsten Tage sind Blizzardtage.

Sie fährt bei klirrendem Frost über vereiste Straßen, um ihre Kundinnen zu besuchen, die dann sagen: ‹Nur Sie kommen bei solchem Unwetter!› Sie erkennen das an und kaufen bei ihr.»

Unser Mann sagte: «Mit anderen Worten: Sie wissen, daß sie sich auf sie verlassen können!»

«Ja. Das ist der springende Punkt: Sie verlassen sich darauf, daß diese Avon-Vertreterin sich um sie und ihre Bedürfnisse echt kümmert.

Weil die Menschen finden, daß die Welt immer unsicherer und komplizierter wird, müssen sie sich auf andere Menschen verlassen können. Und wenn sie jemanden kennenlernen, zu dem sie Vertrauen haben, dann machen sie auch weiterhin mit ihm Geschäfte.»

«Ich fange an zu verstehen, warum das Ein-Minuten-Verkaufen mir schnell helfen kann, mehr *Umsatz* zu machen.

Aber was hat mir das Ein-Minuten-Verkaufen zu bieten, um meinen *Stress* zu vermindern?»

Der große Chef antwortete: «Wollen wir doch zunächst festhalten, daß ein bißchen Stress ganz gut für einen ist, denn er steigert die Konzentrationsfähigkeit und regt einen an.

Zuviel seelischer Stress führt beim Verkaufen allerdings zu niedrigeren Umsätzen. Das ‹Verkaufen aus eigenem Antrieb› senkt diesen leistungshemmenden Stress auf drei Arten:

Erstens helfen Ein-Minuten-Ziele, die Ängste zu reduzieren
– eine der größten Ursachen von Stress. Ängste sind nichts anderes als das Bangen vor dem Unbekannten.

Wenn man sich eigene Ziele setzt und sie sich in aller Ruhe
und Zuversicht als bereits verwirklicht vorstellt, dann reduziert man das Unbekannte. Man sieht, wohin man geht; damit
hat man eine Lampe in der Dunkelheit.»

«Was Sie da über das Sichausmalen von Zielen sagen, erinnert mich an die Geschichte, als ein Freund von mir in San
Francisco zu einem Autohändler ging. Er hatte vor, sich an diesem Morgen einen teuren Wagen zu kaufen. Er stand im Ausstellungsraum und wartete – aber es kam keiner.

Endlich erwischte er einen vereinzelten Verkäufer, der an
ihm vorbeieilte. ‹Tut mir leid›, sagte der. ‹Ich habe es eilig und
kann mich jetzt nicht um Sie kümmern.› Raten Sie mal, was er
als Grund für seine Eile nannte.»

Der große Chef lachte auf und sagte: «O nein! Das doch
nicht!»

«Erraten.» Unser Mann lächelte. «Der Autoverkäufer hat gesagt: ‹Ich muß zu einer Verkaufsbesprechung.›

Er hätte die Chance gehabt, mit wenig Aufwand einen großen Abschluß zu machen, aber er hatte vergessen, was sein
Ziel war.»

Beide Männer schüttelten den Kopf – natürlich wußten sie,
wie leicht es jedem von uns passieren kann, daß man das Wichtigste beim Verkaufen, obwohl es auf der Hand liegt, einfach
vergißt.

«Was hat das Ein-Minuten-Lob mit Stressabbau zu tun?»
fragte der Besucher.

«Ein Ein-Minuten-Lob – sich selber dabei zu erwischen, daß man etwas richtig macht – verringert den Stress, weil es das Abschlaffen verringert. Wenn man gut von sich selbst denkt, gibt einem das moralischen Auftrieb; es verschafft einem buchstäblich neue Energie. Je öfter ich mich aufrichtig selbst lobe, desto weniger Stress verspüre ich.

Und Ein-Minuten-Kritik hilft mir, mehr Umsatz mit weniger Stress zu machen, weil ich dadurch bei mir ungünstige Verhaltensweisen abbauen kann. Nichts strengt mehr an, als über Hindernisse springen zu müssen, die man sich ständig selbst in den Weg stellt. Wenn man sich entschließt, mit so einem Verhalten Schluß zu machen, befreit man sich von einer ganz erheblichen Stressursache. Und wenn man sein ungünstiges Verhalten kritisiert, aber seine starken Seiten lobt, dann baut man sich dadurch wieder auf. Man beginnt von neuem – mit frischen Kräften.

So verringert Selbstbestimmung – das Verkaufen aus eigenem Antrieb sich selbst gegenüber – den Stress. Der andere Teil – das Verkaufen an andere – baut den Stress noch leichter ab.

Wenn man Sinn-voll verkauft», fuhr der große Chef fort, «dann schwimmt man nicht gegen den Strom und kämpft gegen die übermächtige Realität an. Ich weiß dann, daß ich den anderen nicht beherrsche und nie beherrscht habe. Das einzige, was ich haben kann, ist Einfluß.

Je mehr ich die anderen Menschen bestimmen lasse, was ihnen wichtig ist, und dann darauf eingehe mit dem, was ich anzubieten habe, damit sie das Gefühl bekommen, das sie sich wünschen – in bezug auf das Gekaufte und in bezug auf sich selbst –, desto leichter werde ich verkaufen.

Denn Tatsache ist doch: *Nicht ich bringe den Verkauf zustande, sondern die anderen, die Kunden.*»

Der Besucher fragte: «Ist das der Grund, weshalb Sie den eigentlichen Kaufabschluß so wenig betonen?»

«Ja. Abschlußtechniken braucht man am ehesten, wenn man die Leute zu etwas bringen will, was sie im Grunde gar nicht wollen. Manche Verkäufer fangen dann an zu drängen.»

«Ich nehme an», sagte unser Mann, «daß der schlechte Ruf der Verkäufer daher kommt.»

«Natürlich», sagte der große Chef. «Aber was noch schlimmer ist: Diese Verkäufer haben es sich unnötig schwergemacht, sie hätten gar nicht so hart arbeiten müssen, wie sie es getan haben. Sie hätten nur einige wenige entscheidende Minuten investieren müssen, um herauszubekommen, was der Kunde eigentlich will.»

«Das ist wie auf den besten Anzeigen für Personal-Computer, die ich kenne», ergänzte unser Mann. «Sie zeigen einen erschöpften Menschen, der keinen Computer hat und bis spät abends im Büro bleibt, um seine Arbeit zu bewältigen. Auf dem anderen Bild zeigen sie einen flotten Typ, der pünktlich sein Büro verläßt, alles geschafft hat und sich auf einen schönen Abend freut. Diese Anzeigen verkaufen nicht ein Produkt, sie verkaufen, was der Mensch sich eigentlich wünscht.»

Der große Chef fragte: «Was sagt Ihnen diese Anzeige darüber, was die Menschen sich wünschen?»

«Sie sagt mir, daß Menschen sich einen Computer kaufen, nicht weil sie ein technisches Gerät besitzen wollen, sondern weil sie mehr Zeit haben wollen, um auszuspannen und das Leben zu genießen.»

«Genau. Und wie hängt das nun damit zusammen, daß sich das Ein-Minuten-Verkaufen für Verkäufer so gut bewährt? Was meinen Sie?»

Der Mann dachte einen Augenblick nach und erwiderte dann: «Ich nehme an, weil die wirklich wichtigen Dinge, die wir beim Verkaufen tun, immer nur ungefähr eine Minute dauern. Wenn wir diese wichtige Minute investieren, haben wir mehr Erfolg und zusätzliche Freizeit.

Wenn wir uns eine Minute Zeit nehmen», faßte er zusammen, «um anzuwenden, was wir als die Grundwahrheiten des Verkaufens kennengelernt haben, dann machen wir mehr Umsatz in kürzerer Zeit und mit weniger Stress. Wir sind dann vitaler und können das Mehr an Freizeit unbeschwert genießen.»

«Jetzt haben Sie es begriffen! Das Ein-Minuten-Verkaufen ist kein Zaubermittel, und es löst nicht auf einmal all Ihre Verkaufsprobleme. Aber der springende Punkt ist: Es funktioniert.

Sehen Sie», fügte der große Chef hinzu, «Sie erinnern sich an diese wirkungsvolle Anzeige, weil Sie schon lange darüber nachdenken, was wirklich funktioniert.»

«Sie wissen also, was funktioniert. Sie hatten es nur aus dem Blick verloren. Wenn Sie daran denken, Sinn-voll zu verkaufen und diese wenigen bewährten Grundsätze regelmäßig anzuwenden, dann werden Sie wieder den Erfolg erleben, den Sie früher hatten – und noch mehr. Denn das ist die natürliche Art zu verkaufen.»

Der Mann stand auf, gab dem großen Chef, der auch in ihm das Ein-Minuten-Verkaufstalent geweckt hatte, die Hand und bedankte sich für Geduld und Rat.

«Ich werde alles, was ich jetzt weiß, zum Besten einsetzen.» Er lächelte und fügte hinzu: «Zum Besten des Kunden und zu meinem Besten.»

Dann ging der Mann. Er fühlte sich schon besser.

In den folgenden Monaten setzte der Mann in die Tat um, was er gelernt – oder besser gesagt: was er sich wieder bewußt gemacht hatte.

Und es kam, wie es kommen mußte ...

ER WURDE ein Ein-Minuten-Verkaufstalent.

Das geschah nicht nur, weil er so redete, sondern weil er eine bessere Art des Denkens und des Glaubens – über das Verkaufen und über sich selbst – gelernt hatte.

Und – am allerwichtigsten – weil er im Laufe der Jahre das Gelernte regelmäßig in die Tat umsetzte: Was er wußte, das *tat* er auch!

Während er sein jeweiliges Tun von Zeit zu Zeit änderte – er paßte neue Ideen neuen Situationen an –, stützte er sich immer auf sein solides Fundament: *Er verkaufte Sinn-voll.*

Er war froh, daß er dieses unschätzbar wertvolle Verkaufsgeheimnis kennengelernt hatte. Es machte alles andere leichter und angenehmer – und zwar für jeden, vor allem aber für ihn selbst.

Er gab sein Wissen an andere weiter. Er hatte sogar eine tabellarische Zusammenfassung im Taschenformat entwickelt, eine Strategie für diejenigen, die das Geheimnis seines Erfolges kennenlernen wollten.

Der Mann wußte sehr genau: Je mehr er seinen Erfolg anderen vermittelte, desto mehr Erfolg würde er selbst haben.

Kurze Zusammenfassung

DIE STRATEGIE DES «EIN-MINUTEN-VERKAUFSTALENTS»
Der schnellste Weg zu mehr Umsatz mit weniger Stress

ICH BEGINNE
mit dem
→ SINN MEINES HANDELNS ←
Ich helfe den Menschen, möglichst schnell sich wohl zu fühlen

DAS VERKAUFEN AN ANDERE

Vor dem Verkauf

* Erst sehe ich, wie die anderen die Gefühle bekommen, die SIE haben wollen. Dann sehe ich, wie ich bekomme, was ich will.
* Ich beschäftige mich oft und gründlich mit den Eigenschaften und Vorzügen dessen, was ich verkaufe.
* Ich sehe den Nutzen dessen, was ich verkaufe, indem es tatsächlich anderen hilft, die Gefühle zu bekommen, die sie haben wollen.

Während des Verkaufs

* Ich verkaufe so, wie ich selber und der andere gern kaufen. Ich investiere Zeit als MENSCH.
* Ich stelle «Haben»-Fragen und «Haben-wollen»-Fragen.
* Der Unterschied zwischen diesen beiden ist das Problem und unsere Chance.
* Ich höre zu und wiederhole, was ich gehört habe.
* Ich beziehe mein Produkt, meine Dienstleistung oder meine Idee ehrlich nur auf das, was der andere sich unter Zufriedenheit vorstellt.
* Der Interessent kauft, wenn er sieht, daß er mit geringstmöglichem persönlichem Risiko größtmöglichen persönlichen Nutzen erzielt.

Nach dem Verkauf

* Ich bleibe am Ball, um mich zu vergewissern, daß meine Kunden tatsächlich zufrieden sind mit dem, was sie von mir gekauft haben.
* Wenn es ein Problem gibt, helfe ich ihnen es zu lösen – und stärke dadurch unsere Beziehung.
* Wenn sie mit dem Gekauften zufrieden sind, bitte ich sie um aktives Weiterempfehlen.

DAS VERKAUFEN SICH SELBST GEGENÜBER

Meine Ein-Minuten-Ziele

* Ich schreibe mein Ziel auf höchstens einer Seite nieder – und zwar so, als ob sie bereits verwirklicht wären.
* Ich lese sie wiederholt in jeweils nur einer Minute.
* Jedesmal, wenn ich meine Ziele lese, sehe ich sie als bereits erreicht vor mir.

Ziele (annähernd) erreicht

ICH HABE ERFOLG

Mein Ein-Minuten-Lob

* Ich gönne mir häufig eine Minute zur «Anerkennung meines Verkaufserfolges».
* Ich erwische mich dabei, daß ich etwas richtig (oder fast richtig) mache.
* Ich freue mich, wenn ich mir sage, was ich getan habe und wie gut ich mich deswegen fühle.
* Ich nehme mir Zeit, um nachzufühlen, wie gut ich mich fühle, weil ich eine Sache gut gemacht habe.
* Ich ermutige mich, dies immer wieder zu tun.

Ziele nicht erreicht (ich muß meine Ziele überprüfen)

ICH HABE MISSERFOLG

Meine Ein-Minuten-Kritik

* Ich kritisiere mein Verhalten, wenn es für mich ungünstig ist.
* Ich sage mir konkret, was ich falsch gemacht habe.
* Ich lasse mich nachfühlen, welche Gefühle das in mir auslöst, was ich getan (oder nicht getan) habe.
* Ich denke daran, daß ich ein Verhalten habe, aber kein Verhalten bin.
* Ich bin ein wertvoller Mensch, und deshalb habe ich Anspruch auf das beste Verhalten von mir.
* Ich beende meine Verhaltenskritik und wende mich wieder meiner eigentlichen Aufgabe zu.

VIELE JAHRE SPÄTER schaute der Mann zurück auf die Zeit, als er zum erstenmal etwas vom Ein-Minuten-Verkaufen gehört hatte.

Seit damals hatte er sowohl den persönlichen als auch den finanziellen Erfolg erreicht, den er angestrebt hatte, und er war immer wieder ausgezeichnet und befördert worden.

In der Tat glich er jetzt seinem ursprünglichen Lehrer, dem großen Chef.

Besonders froh war er darüber, daß er sich Notizen gemacht hatte, als er von dem Erfinder oder besser: Entdecker des Ein-Minuten-Verkaufens und seinen so hilfsbereiten Jüngern das Verkaufen gelernt hatte.

Seine Aufzeichnungen erlaubten es ihm, seine Kenntnisse der Verkaufsgeheimnisse neuen und altgedienten Verkäufern auf wirksame Art weiterzugeben.

In seiner Rolle als Verkaufsleiter hatte ihm das viel Zeit gespart.

Und jeder der Verkäufer konnte den Text, so schnell oder so langsam und sooft er es für nützlich hielt, lesen und wiederholen. Denn unser Mann wußte ja aus eigener Erfahrung sehr gut, wie wichtig Wiederholung ist, wenn man etwas Neues lernt.

Nachdem die Verkäufer in seiner Firma dieses Büchlein gelesen hatten, stellte unser Mann sich für persönliche Gespräche, Diskussionen und Arbeitskreise zur Verfügung, um seinen Mitarbeitern zu helfen, die Methode in der Praxis anzuwenden.

Es war sehr ermutigend zu sehen, wie schnell seine Leute eigene Wege fanden, um Sinn-voll zu verkaufen – wie sie vor allem auf Vertrauen und Dem-anderen-Dienen setzten und die bewährten Grundsätze des Verkaufens in die Tat umsetzten.

Doch das überzeugendste war, wie schnell sie ihre Umsätze verbesserten.

Als immer mehr Verkäufer und Verkäuferinnen, mit denen er zusammenarbeitete, als Selbstmanager Erfolg hatten, bekam das Neue Ein-Minuten-Verkaufstalent immer mehr Zeit für sich selbst.

Und als die Leute, die für ihn arbeiteten, immer mehr Erfolg hatten, hatte er das auch. «Meine Mitarbeiter sprechen für mich als Vorgesetzten», überlegte er, als er über Erfolg nachdachte.

Dann fiel ihm ein, was er schon immer gewußt hatte: «Die Menschen arbeiten nicht für jemand anders, sondern für *sich selbst.*»

Das System des Ein-Minuten-Verkaufens ist einfach ein Weg für die Menschen, sich für sich selbst einzusetzen – für den Menschen, der kauft, für den Menschen, der verkauft, und für den Menschen, der andere Menschen führt.

Was das Neue Ein-Minuten-Verkaufstalent vielleicht am meisten genoß, war das Bewußtsein, nicht täglich den psychischen und physischen Stress zu erfahren, dem andere Leute sich unterwerfen.

Er lebte und arbeitete Sinn-voll.

Und er wußte, daß seine Mitarbeiter solche Vorteile auch genossen.

In seiner Firma sank die – teure – Personalfluktuation, es gab weniger Krankmeldungen und weniger Krankfeiern. Die Vorteile lagen auf der Hand.

Er fühlte sich für Gegenwart und Zukunft des Verkaufens wohlgerüstet.

DAS TELEFON KLINGELTE und brachte unseren Mann abrupt in die Gegenwart zurück.

Eine junge Frau stellte sich telefonisch vor. Sie sagte, sie sei eine frischgebackene Verkäuferin. «Ich weiß, daß ich noch eine Menge lernen muß», gab sie zu. «Aber ich möchte von den Besten lernen. Darf ich vorbeikommen und mit Ihnen reden?»

Das Neue Ein-Minuten-Verkaufstalent lächelte.

Es war ein gutes Gefühl, in seiner Position zu sein. Zweifellos hatte er gelernt, mehr Umsatz mit weniger Stress zu machen. Tatsächlich war er einer der erfolgreichsten Leute auf seinem Gebiet – und er war glücklich.

Auch hatte er jetzt immer Zeit. «Aber natürlich können Sie kommen und mit mir reden», antwortete er.

Kaum war die junge Frau da, begann er das Gespräch: «Ich teile Ihnen gerne meine Verkaufsgeheimnisse mit», fing er an. «Nur um eines möchte ich Sie bitten.»

«Um was?» fragte die Besucherin.

«Ganz einfach», sagte er. «Würden Sie es ...»

Bitte weitergeben

01 Anhang

01 Danksagung

Wir möchten vielen unsere Anerkennung und unseren Dank aussprechen, die uns geholfen haben, dies zu einem besseren Buch zu machen, darunter:

Peter Althouse von P. K. Althouse Development für das, was er uns über finanzielle Aufrichtigkeit beigebracht hat.

Dr. Kenneth Blanchard, Koautor von «Der Minuten-Manager», für seine Einsicht und Unterstützung.

Den Vorstandsmitgliedern für Marketing und Verkauf, den Verkaufsdirektoren und Verkäufern in vielen großen Firmen, kleineren Unternehmen und anderen Organisationen in den USA und in der Bundesrepublik für das Lesen unseres Manuskriptes und das Unterbreiten von Vorschlägen.

William Gove für seine ständige Beratung.

Dr. med. Gerald Nelson für die Entwicklung der Ein-Minuten-Kritik.

Abraham Maslow und *Carl Rogers* für das, was sie uns in ihren Schriften über die Wünsche der Menschen gelehrt haben.

Margaret McBride für das Verkaufen im Geiste der Aufrichtigkeit.

Der Verkaufsmannschaft der Wilson Learning Corporation für die individuellen Erfahrungen und praktischen Einsichten, die sie in dieses Buch eingebracht haben, und für ihre Hilfe bei der Entwicklung besserer Verkaufstrainingsprogramme für alle.

William Morrow and Company, unserem Verlag in den USA, vor allem *Pat Golbitz* und – natürlich – Morrows wunderbaren Verkäufern!

Dem Rowohlt Verlag für die schöne deutsche Ausgabe, *Dr. Roland Henssler*, dem Geschäftsführer der deutschen Wilson Learning GmbH, und *Erik Paulsen* für das Übertragen ins Deutsche.

Den Tausenden von Käufern für das Ausfüllen unserer Verkaufsfragebögen in den letzten Jahren und für die Auskünfte darüber, wie sie gerne kaufen und was sie wirklich von einem Verkäufer erwarten.

Über die Autoren

Spencer Johnson ist eine anerkannte Kapazität für zwischen-menschliche Kommunikation. Seine Bücher über medizini-sche, psychologische und Management-Fragen haben ihn auch außerhalb seines Spezialgebiets weithin bekannt gemacht. Allein von «Der Minuten-Manager» wurden bisher über sie-ben Millionen Exemplare verkauft – in aller Welt, in 25 Spra-chen (bisher).

Nach dem Diplom in Psychologie an der University of Southern California machte er seinen medizinischen Doktor am Royal College of Surgeons in Irland. Seine Facharztausbil-dung erhielt er an der Mayo-Klinik und an der Harvard Medical School.

Dr. Johnson leitet die Candle Communications Corpora-tion, die kommunikationswissenschaftliche Erkenntnisse umsetzt in Video- und Computerprogramme zur beruflichen Weiterbildung. Er lebt im kalifornischen La Jolla.

Larry Wilson ist gleichzeitig Erziehungswissenschaftler, selb-ständiger Unternehmer und herausragendes Verkaufstalent. Er war knapp 29 Jahre jung, als er bereits auf Lebenszeit zum Mit-glied im exklusiven Club der Verkaufsmillionäre («Million Dollar Roundtable») berufen wurde. Die Kunst des Verkaufens und die Entfaltung der Persönlichkeit sind seine wichtigsten Arbeitsgebiete. Seine Firma für Verkaufstraining ist in den USA führend.

In Verbindung mit der University of Minnesota leitet Wilson eine Arbeitsgemeinschaft von Universitäten und großen Fir-men.

Larry Wilson ist Chairman der Firma «Wilson Learning», die in aller Welt jährlich rund 185 000 Mitarbeiter/innen der ver-schiedensten Branchen und Unternehmen weiterbildet. Er lebt bei Santa Fe in New Mexico.

01 Ein-Minuten-Verkaufstraining

Sinn dieses Buchs ist es, Ihnen das zu geben, was Sie sich so sehr wünschen: Ihnen zu helfen, mit weniger Stress mehr zu verkaufen. Dieses Buch kann Ihr Leben verändern.

Wir wissen jedoch, wie schwierig es ist, seine Einstellung, sein Verhalten nur auf Grund eines Buches zu verändern und außerdem nicht in der Lage zu sein, die Fertigkeiten, die hier angesprochen wurden, zu üben. Viele wollen auch mehr über die Konzepte wissen und wollen insbesondere erfahren, wie sie in ihrer Marktsituation anzuwenden wären.

Die in diesem Buch dargestellten Erkenntnisse und Konzepte sind auch der Inhalt von speziellen Seminaren, die von Wilson Learning entwickelt wurden. Viele der erfolgreichsten Firmen in aller Welt haben ihre Verkäufer und Führungskräfte an diesen Seminaren teilnehmen lassen. Diese Kurse werden auch in deutscher Sprache abgehalten und von erfahrenen deutschen Trainern moderiert, unterstützt durch umfangreiches und praxisorientiertes Trainingsmaterial.

Wenn Sie mehr darüber wissen wollen, kontaktieren Sie:

WILSON LEARNING GMBH
Lautenschlagerstr. 20
Postfach 3128
7000 Stuttgart 1
Tel. 07 11 / 22 15 92

Die Minuten-Bücher über modernes Management
Bücher von Praktikern für Praktiker

Kenneth Blanchard
Spencer Johnson

Der Minuten Manager

Rowohlt

Deutsch von Gitta Joost
128 Seiten. Gebunden

«Das Symbol des Minuten-Managers – die Minutenangabe auf einer modernen Digitaluhr – soll jeden von uns daran erinnern, täglich eine Minute lang den Menschen ins Gesicht zu schauen, mit denen wir zusammenarbeiten: Sie sind das wertvollste Kapital, das wir haben.»

«Ich bin dafür, daß *Der Minuten-Manager* in sämtlichen Aus- und Fortbildungskursen für unsere leitenden Angestellten zur Pflichtlektüre erklärt wird, und zwar vom Nachwuchs-Seminar bis zum Advanced Management Training. Dieses Buch vermittelt (in sehr leicht lesbarer Form) anschaulich und konkret, welche Prinzipien der Menschenführung auch in unserem Hause realisiert werden sollen.»
David W. Hanna, Vice-President, IBM Corporation

Blanchard / Zigarmi

Der Minuten Manager: Führungsstile

Rowohlt

Deutsch von Lieselotte Mietzner
128 Seiten. Gebunden

Mit Hilfe der einfachen Techniken des Minuten-Managements gelingt es jeder «Situationsbezogenen Führungskraft», die Kompetenz und Motivation der Mitarbeiter zu steigern, ihr Engagement zu stärken und zu besseren Leistungen und Ergebnissen zu kommen.

«Situationsbezogene Menschenführung», action-oriented, wie dieses Buch sie bringt, ist ein Eckpfeiler unseres Trainingsprogramms für Führungskräfte bei Holiday Inns.
Mike Rose, Chairman, Holiday Inns, Inc.

Rowohlt